中國學術思想 研究輯刊

二七編

林慶彰 主編

第 9 冊

內聖與外王
——荀子的人文化成之道（上）

夏春梅 著

花木蘭文化事業有限公司

國家圖書館出版品預行編目資料

內聖與外王——荀子的人文化成之道（上）／夏春梅 著－初
版－新北市：花木蘭文化事業有限公司，2018〔民107〕
序 8+ 目 4+146 面；19×26 公分
（中國學術思想研究輯刊 二七編；第 9 冊）
ISBN 978-986-485-379-3（精裝）
1.（周）荀況 2. 學術思想 3. 先秦哲學
030.8　　　　　　　　　　　　　　　　　107001869

中國學術思想研究輯刊
二七編　第 九 冊　　　　　ISBN：978-986-485-379-3

內聖與外王——荀子的人文化成之道（上）

作　　者　夏春梅
主　　編　林慶彰
總 編 輯　杜潔祥
副總編輯　楊嘉樂
編　　輯　許郁翎、王　筑　美術編輯　陳逸婷
出　　版　花木蘭文化事業有限公司
發 行 人　高小娟
聯絡地址　235 新北市中和區中安街七二號十三樓
　　　　　電話：02-2923-1455／傳真：02-2923-1452
網　　址　http://www.huamulan.tw 信箱 hml 810518@gmail.com
印　　刷　普羅文化出版廣告事業
封面設計　劉開工作室
初　　版　2018 年 3 月
全書字數　251643 字
定　　價　二七編 25 冊（精裝）新台幣 48,000 元

內聖與外王
——荀子的人文化成之道(上)

夏春梅　著

作者簡介

夏春梅，輔仁大學中文研究所博士，現任輔仁大學與國北教大兼任助理教授。研究領域爲先秦諸子及元代繪畫。著有《內聖與外王——荀子的人文化成之道》，輔仁大學博士論文，2014。《道德經舊註初探》，輔仁大學碩士論文，1992。譯有高居翰（James Cahill）：《隔江山色——元代繪畫（一二七九～一三六八）》*Hills beyond a river: Chinese painting of the Yüan Dynasty, 1279 ～ 1368*，台北：石頭出版社，1995。

提　要

　　「內聖外王」爲儒家思想的核心要義，本文定義「內聖」爲修身，即自覺的作聖賢工夫。「外王」爲聖王治天下有道，亦即人間互相成全的文明秩序。

　　準此定義，透過原典分析可得荀子有重重內聖工夫。扣住〈正名篇〉、〈解蔽篇〉、〈性惡篇〉與〈勸學篇〉四篇可論荀子之內聖思想。荀子的內聖思想有一結構，本能性情是荀子內聖結構橫向系列的起點，人爲之僞是橫向系列的終點。起點與終點中間有一轉折，即由耳目感官而心知意識的淨化，此即荀子解蔽虛靜以返清明的工夫之所在，在虛壹而靜的究竟清明之外，荀子的另一道工夫，由概念而言是化性起僞，由教育而言是勸勉爲學，全面看來〈勸學篇〉正居於此一內聖結構之關鍵樞軸。內聖結構是靜態，但加上「學不可以已」的學習歷程，爲整個結構指出前進的方向。

　　荀子的外王結構，可由四個議題見微知著，第一個議題見於〈儒效篇〉，談戰國儒者自覺；第二個議題論禮，見於〈禮論篇〉；第三個議題論樂，以〈樂論篇〉爲主；第四個議題論天，談〈天論篇〉。

　　余英時道：「『內聖外王』是一個連續不斷的活動歷程，最後將導致合理的人間秩序的實現。」秩序背後隱藏的是人與人之間的完整與成全，這讓我們不禁憶起許慎在《說文解字》記載「仁」的解說：「仁，親也。人二。」這是對人間文明樸素而根本的定義。

感　謝

　　寫作至近期漸覺內容是我寫的，但論文卻是大家共襄盛舉，相關資料紛至沓來筆下，然而只能在此先行告一段落。

　　首先，感謝天上的父親，在戰亂的年代還願意把我撫養長大。

　　再次，感謝黃湘陽老師帶我進入輔仁大學。承蒙趙中偉老師耐心教導與安排，持續鼓勵。寫作之中有沉吟躊躇，董金裕老師來自校外的肯定，自此更有信心邁步向前。傅武光老師慎重提供楊家駱老師的老子研究，從中體會溫暖的傳承。胡正之老師不顧炎炎夏日，出示五頁的講評稿。口試行程有勞孫永忠主任與郭士綸同學共同協助，讓我得以完成這一趟旅程。

　　五四一輩學者視野寬廣，學養深厚，燈下展卷，自得上友古人之樂。王金凌老師生前曾建議同學多由社會學看荀子，李毓善老師對於論文中荀子論禮部分的指正，金周生老師提供《潛夫論》論學相關資料，謝錦桂裕老師的震撼教育，陳玉玲、廖卓成與國北教大語創系諸位老師們長期的支持，鄒幼莉師母在生活上的關照，點點滴滴匯聚成寫作過程中的源頭活水。

　　如果沒有學妹王惠雯的棒喝，我回不到寫作的路上。張光前學長、王鳳珠學姊、陳明足、黃美雙、陳美靜、李小清與林孟文夫婦、陳梅珍與林堅能夫婦、劉富容、周志煌、張銀樹、蔡昱宇、鄭垣玲、沈子杰、詹千慧、曾紀剛、吳燕眞、陳佩琪、謝元雄、99學年度暑宿圓光佛學院的外籍生、趙銘豐、林鈞桓、歐貞秀、陸怡安、詹禮禎、王韶郁、何曉蓮、許雯怡、林郁婷，大家各自在這一趟旅程的最佳時刻出現，助我一臂之力。

　　文學院圖書館的謝逸芬小姐，提供一處安靜的研究環境。施隆民老師與書法班的同學們督促我要挺住。包根弟老師引我進入氣功的天地，新莊的邱

和對與松山徐味真兩位教練耐心指點，讓我能持續鍛鍊體力。最後，要感謝家人的等待與寬容。

人生何其有幸，有這麼浩蕩長的隊伍一路相伴，我會把這份論文寫成給下一輪太平盛世的備忘錄，才足以報答您們！

在思想中把握它的時代，
在書寫中闡釋它的精義

《內聖與外王——荀子的人文化成之道》序

「在思想中把握它的時代，在書寫中闡釋它的精義」。這是拜讀本書後，所歸納的心得。

「在思想中把握它的時代」，是指荀子（前 313～前 238）思想，在戰國時代展現的意義與價值，以及對後代的影響。「在書寫中闡釋它的精義」，是指夏春梅老師在書寫荀子「內聖與外王」的人文化成思想精義時，理解與解釋展現的特殊及不凡的觀點。

當代哲學大師馮友蘭（1895～1990）說：「然『爲天地立心，爲生民立命，爲往聖繼絕學，爲萬世開太平』，乃吾一切先哲立說之宗旨。無論其派別爲何，而其言之字裡行間，皆有此精神之瀰漫（《中國哲學史·自序（二）》）。」

所謂「爲天地立心」，即是在天地之中，建立一套具有生命意義與價值體系的核心思想。德哲黑格爾（Georg Wilhelm Friedrich Hegel，1770～1831）曾說：哲學就是「在思想中把握它的時代（《法哲學原理》（ⅠⅠW.7.26）。而「爲生民立命」，即是藉此核心思想，作爲民眾安身立命的根本目標。「爲往聖繼絕學」，則是在承繼文化薪傳，源遠流長，賡續不絕，生生不息，予以發揚光大。「爲萬世開太平」，表現的是選賢與能，講信修睦，大道能行，天下大同。這 4 句話，就寓含了「內聖外王」之道。

荀子居於戰國末期，不僅「世衰道微，邪說暴行有作，臣弑其君者有之，子弑其父者有之（《孟子·滕文公下》）」。而其「嫉濁世之政，亡國亂君相屬，不遂大道而營於巫祝，信機祥，鄙儒小拘，如莊周等又猾稽亂俗，於是推儒、墨、道德之行事興壞，序列著數萬言而卒。因葬蘭陵（西漢司馬遷（前 145 或前 135～前 90）《史記·孟子荀卿列傳》）」。嫉，指痛恨。屬，指接連。機祥，指祈禳求福之事。猾稽，指能言善道，言辭流利無滯竭礙。

充分說明，荀子的「序列著數萬言」，就在於救亡圖存，振衰起弊。「憂世之亂而思有以拯濟之（胡適（1891～1962）《中國哲學史大綱》）」。是以生出「平治天下，舍我其誰」的氣概！

如何「平治天下」？可以從「內聖」及「外王」兩方面言之。這是夏春梅老師研究荀子學說的重點，更是將其思想爬梳縝密，論述周延的價值所在。這當中，有作者「前理解」與荀子思想形成的「視域融合」。

「視域」，就是理解者觀看的區域和範圍，包括了從某個立足點出發，所能看到的一切內涵與價值。「誰不能把自身置於這種歷史性的視域中，誰就不能真正理解傳承物的意義。這種視域包括傳統的觀念與當代的境遇。我們是具有傳統觀念，並立足於當代某個特殊境遇裡（洪漢鼎（1938～）《當代哲學詮釋學導論》，第 4 章）」。

德哲伽達默爾（Hans-Georg Gadamer 1900～2002）就說：「當某個文本對解釋者產生興趣時，該文本的真實意義並不依賴於作者及其最初的讀者所表現的偶然性。至於這種意義不是完全從這裡得到的。因為這種意義總是同時由解釋者的歷史處境所規定的，因而也就是由整個客觀的歷史進程所規定的……文本的意義超越它的作者，這並不是暫時的，而是永遠如此的（《真理與方法》，第 1 卷）。」

按照伽達默爾的觀點，理解者和解釋者的「視域」不是封閉的和孤立的，它是相互交流的；而且，是在時間中進行交流。理解者和解釋者在與文本接觸中，不斷擴大自己的「視域」，並與其他「視域」相交融，這就是所謂的「視域融合」。

同時，「視域融合」時，主體的理解視野不能隨意地解釋歷史對象；而被解釋對象的理解視野，也不能因其特定的歷史內容而使主體的能力受到不應有的妨礙，甚至消融主體，使主體墮入無法求得的歷史真實性的徒勞追求中。解釋的主體和對象的關係應該達到一種「視界融合」。因此，在此基礎上，使

理解產生出新的意義，即既不是主體意義的實現，也非對象客體意義的還原的一種新質的理解，具有歷史有效性的理解。這將給歷史的解釋活動帶來前進（楊蔭隆（1936～）《西方文學理論大辭典》，「視界融合」條）。

換言之，在詮釋時，詮釋者不能無限上綱的隨意解釋對象文本，造成對象文本之意義與本義之間的完全割裂。而對象文本也不能因其特定的內容，以拘限解釋者的思考與詮釋，甚而「消融主體」，使解釋者完全受限於對象文本的約束。因此，在此情形下的詮釋內涵，既不是解釋者的主體意識，也非對象文本意義的還原，而是產生「一種新質的理解」，形成「視界融合」，致使詮釋達到了提昇與發展。即是我們對於作品的認識，是經由作者、文本及讀者（包含前理解）三者融合的綜合意義。

洪漢鼎清楚的表示：「視域融合」，不僅是歷時性（此指縱觀性）的，而且也是共時性（此指橫觀性）的。在「視域融合」中，歷史與現在，客體與主體，自我與他者，陌生性與熟悉性構成了一個無限的統一整體（《當代哲學詮釋學導論》，第 4 章）。

春梅在撰寫此文時，將伽達默爾「視域融合」的觀念，發揮得淋漓盡致，意義產生了創新與生產的效果。職此之故，本文具有下列特色，可以看到春梅「在書寫中闡釋它的精義」：

其一是內聖外王，儒家核心，荀學精要，得其環中　「內聖外王」，雖語出《莊子・天下》，但卻是儒家的核心思想的概括。孔子（前 551～前 479）就提出「一日克己復禮，天下歸仁焉（《論語・顏淵》）」的「內聖」，「老者安之，朋友信之，少者懷之（《論語・公冶長》）」的「外王」。孟子（前 372～前 289）則提出「惻隱之心，仁之端也；羞惡之心，義之端也；辭讓之心，禮之端也；是非之心，智之端也。人之有是四端也，猶其有四體也（《孟子・公孫丑上》）」的「內聖」，「人皆可以為堯、舜（《孟子・告子下》）」的「外王」。荀子雖重「性惡」，然其「內聖」之道，特重在「心」的「虛壹而靜（《荀子・解蔽》）」，以及「化性起偽」的「積思慮，習偽故，以生禮義而起法度（《荀子・性惡》）」。「外王」就是「彼王者不然：仁眇天下，義眇天下，威眇天下。仁眇天下，故天下莫不親也；義眇天下，故天下莫不貴也；威眇天下，故天下莫敢敵也（《荀子・王制》）」。作者掌握儒家核心，荀學精要，真是「超以象外，得其環中（唐・司空圖（837～908）《二十四詩品・雄渾》）」！

其二是整理周密，分類歸納，條理清晰，建立系統　荀子一書，目前共

有 32 篇，約 8 萬字，並沒有形式上的系統。誠如馮友蘭所說的，「中國哲學家的哲學，雖無形式上的系統；……中國哲學家之哲學之形式上的系統，雖不如西洋哲學家；但實質上的系統，則同有也（《中國哲學史》，第 1 篇第 1 章）」。成中英（1935～）也說：「中國的方法是潛藏在中國哲學裡的；並且方法的發生也不是基於理性本身的突破，而是在現實條件成熟或現實需要變的時候才發生的（《成中英文集・本體詮釋學・方法概念與本體詮釋學》）。」作者從紛雜的原典中，細緻歸納分類，條理清晰，建立了荀子「內聖外王」之道的「人文化成」系統。其中，在「內聖」方面，扣住在〈正名〉、〈解蔽〉、〈性惡〉、〈勸學〉4 篇；在「外王」方面，特別強調〈儒效〉、〈禮論〉、〈樂論〉、〈天論〉4 篇，再輔以其他篇章，將荀子的治國理想，全盤托出，這是本文的一項優勢。

其三是**澄清概念，界定範疇，設立判準，探賾索隱**　「哲學則是通過純粹概念去把握絕對精神，或者說絕對精神是通過概念體現在絕對知識或哲學裡（洪漢鼎《當代哲學詮釋學導論》，第 6 章）」。此就是說，我們要瞭解荀子的「內聖外王」之道，必須藉由其思想概念作剖析，予以澄清，界定範疇，設立判準，方能探賾索隱，明白其意義及內涵。在這方面，春梅下了不少工夫，根據文本，歸納統計；並釐清其定義，掌握其本質，致能抓住荀子「人文化成」的具體實施方法。例如就「內聖」中的〈正名〉一篇，作者就篩選出了「性、情、欲、心、慮、知、能、偽」等概念。同時，針對每一概念的定義，予以澄清訂定；因為定義是事物的本質，本質釐定，內涵自然就容易理解與解釋。就以「性」言，作者定義為「天生的自然的本能」，而非孟子所強調的，「性，指人的本質，天道在人及萬物上的顯現」。這就可以看出，孟荀在人性論上的差異，一主「性善」、一主「性惡」，從定義的界定上即已分歧。由於概念的澄清與界定的深刻與清晰，致在申論其思想時，即能鞭辟入裡，精益求精。亦從此中可知，此文的意義與價值之所以創新，是其來有自的。

其四是**書寫用心，論述深刻，闡發意義，極為透闢**　最後，就意義的闡發上，作者以縝密的思維，嚴縝的邏輯，用心書寫，論述深刻，詮釋其意，極為透闢。在剖析荀子「內聖外王」之道的普遍性與永恆性上，作者運用了「視域融合」，經由歷史的「歷時性」，主張荀學思想，不僅適用於戰國時代，而且亦可運用於自由民主的當代。「他也會運用名學思維將當代重大議題分門別類，逐一定義與描述，逐一討論解決方案，重要的是構成思想體系。準本

篇所探討的議題而言，他一樣會潔身自愛，談重重的內聖工夫，對內在心性成深度的自我反省；兼陳萬物以解蔽，虛壹而靜大清明，化性起偽勤勸學。在外王的部分，面對當代自由民主的社會，荀子會繼續論儒，檢討儒者在社會中的角色與地位，或說思考當代知識分子的內涵。他的終極關懷是重建人間的文明秩序（〈結論·荀子對於當代社會之必謂〉）」。作者透過詮釋「視域」，使荀學思想在當代中，展現了現實的意義與價值；而不是將荀子遙祭在古代的神壇之上。這是作者的智慧與識見，非常值得肯定。

　　春梅完成此作，是一個階段里程的完成。學海無涯，再接再厲。肩荷傳承，力行不怠，不斷的從事經典書寫，將個人的「視域」創新與生產，使我國傳統文化薪火不絕，是所至盼！

趙中偉於輔仁大學中國文學系
2016 年 10 月 3 日

序

　　動物都以本能求生及維生，人則在本能之外，又利用其情感與理性追求超越動物性的生存。但是，人的生存眞的超越了動物嗎？

　　動物的生存，一般是不離其天然狀態的，簡單地說，就是爲生存而弱肉強食，飽食而遠颺。但人類則在天然狀態中經情感與理性的運用，進入道德文化與科學文明境域，使自己脫離原始狀態而遠離野蠻。遺憾的是，因人究竟本屬動物之一，其野蠻性不可能完全消除，甚至有時其還利用了情感與理性以助其發展動物的野性，造成比虎豹獅熊更爲血腥恐怖的結果。然而強惡者不得其死。歷史上許多古文明的消失，除了因天災地變瘟疫等之外，可歸咎於自作孽而不可活之人禍，也不在少數。

　　自作孽的人禍出於個人，或出於群體。不論是個人或群體都是情感和理性的失控誤用。個人的誤用是其欲望追求失控造成的，被某些個人在達成其無饜的私欲蠱惑與鼓動下造成的群體迷失，也可總歸爲那些個人及群體無視於自己身份的妄動與盲從。

　　儒家對防止自作孽的主張是禮制及正名。每個人先將自己的公私身份認識清楚，再依循群體組織合理制定的禮制行事。禮制規範人的行爲而其依據是善的人情及心之所安之理。首先，在私人生活上認定自己在家族親戚及友朋方面個別屬於何種身份，再依禮制而表現彼此對待的合情合義的規矩；其次，在公眾生活上，也認清自己在國家或在團體組織上合理應盡的義務責任與合理應享用的待遇權益。合公私兩種身份而言，人我彼此，合理的合情的合義的對待便可以使群體生活相安合作。道德要求基礎也是使人類得以群居共處分工合作。此即野蠻人漸脫離原始進入道德文化與科學文明的理由。

　　事物都有其質性，人自不例外，質性得於先天自然，質性也預示人或物的可能發展。就人類而言，體能、欲望、情感、理性等，都是其質性內含的要素。這些要素在成長過程中，因每個人境遇的不同，而有相互不同發展，

從而決定了個人乃至群體之功過成敗興亡。孔子以持中的立場說「性相近習相遠」。孟子則強調他發現人的質性中有善的四端，故主張性善說，他指出了人禽之別幾希的所在。

四端，雖有待擴充，卻正是人的特殊質性。由於孔孟所主張的人性，由仁與惻隱出發，都是情感中固有的。而且對人的尊嚴與價值有正面的肯定與鼓舞作用，所以受到重視內省的學者接受和加以提倡。

孔孟之說雖光明正大，但是現實的情況，每每是君子道消，小人道長的。真正能擴充四端成為威武不屈，富貴不淫、貧賤不移的大丈夫，實在少之又少。站在儒家希望化民成俗使社會長治久安的立場，便有荀子的所述人性中自私的情欲不受禮義控制時，將危害社會公眾的性惡說出現。希望個人及社群在安全的互動合作下達到正理平治的善的美好社會。也就是先建立禮義的管束要求，再達到有情欲也有合理分配的天下國家。

荀子出自三晉之趙，他深察周而有晉，晉而有趙，趙而有七雄爭奪天下的無理不安及無數民眾的死亡流離，使他思想當如何使天下未來能發展為正理平治的安全社會，所以他的思想，雖本於孔子，卻不能不另強調個人內省努力之外，尚須注意外在環境與公共生活的各種制度規範，而且這些制度規範的原理都是同質相通的。荀子並稱此為禮義之統，能通達此禮義之統的，便是大儒雅儒，而一般人則須先通過學習，瞭解人性中情欲無限追求的可怖而建立及遵守禮義之統的各種組織規範，所以《荀子》書中總是由社會正理平治方為善的角度來論個人修身及政府所管轄之各重要事項的原理和原則。持到異於孔孟之修己與安人的進路，由此而形成了荀子的內聖外王之學。

本書作者夏春梅女士，愛好先秦子學，碩博時期皆以之為專攻，今將其博士論文修改後出版，並囑余作序。余深嘉其苦學之心志毅力，並佩服其注意荀子細密之內聖外王主張，可補孔孟在國家天下實際治理方面注意之不足。賢人君子固然有深思天理自反所行之能力，一般人士則仍須禮義教導與合理制度管制，此為由社會實然走向理想社會之當然的大道坦途。天下社會的長久正理平治，在禮義之統的社會中形成風習，人人樂於奉行，就容易保持善良而文明日上了。

黃湘陽序於香港屯門珠海學院
二〇一六年九月三十日

目次

第一章 緒 論

　　筆者幼承庭訓，自少即以復興中華文化爲志，及長，入輔仁大學隨校中諸位前輩治學，喜傳統思想現代化之相關議題，碩士論文撰寫《道德經》是一例，博士論文研究荀子思想又是另一例。筆者在碩班以先秦諸子爲研究範疇，進入博班之後，於民國九十三年隨黃師湘陽習「先秦諸子專題」，其間曾撰寫〈荀子的心論與性論〉等文，黃師建議博論以荀子爲題，並提醒知人論世。正式寫作之前，筆者繪製〈戰國大事紀〉〔註1〕，隨荀子足跡一路踏過趙、齊、秦、楚，發覺這是一位穿越戰國的儒者，涵詠前賢珠璣，味之再三，不揣簡陋，試於故紙堆中闡揚其晶瑩義蘊。在撰寫過程，趙師中偉隨處提點寫作要領，建議將題目定爲「內聖與外王」，論文遂有如打通任督二脈，脈絡豁然開朗。

第一節　前人研究成果

　　欲回顧荀子的前人研究，今人嚴靈峰與馬積高的著作值得參考。嚴靈峰之《無求備齋荀子書目集成》輯錄唐代至現代治荀者七十家，日本治荀者十家〔註2〕，馬積高詳考戰國末年到有清一代的荀學歷史，著有《荀學源流》〔註3〕，兩位前輩的作品對於了解荀學沿革助益匪淺。本節準二人之作及近年學界研究成果，分傳統與當代兩大單元觀察。

〔註 1〕　參見附錄。
〔註 2〕　嚴靈峰編輯：《無求備齋荀子書目集成》，臺北市：成文出版社，1977 年。
〔註 3〕　馬積高：《荀學源流》，上海古籍出版社，2000 年。

壹、傳統荀子研究

何謂荀子研究？本段以時代與內容兩個角度來觀察。在時代上，傳統荀子研究可略分為漢代、魏晉隋唐、宋明與清代五個段落；以內容而言，每個時代可就思想關聯與原典注疏兩個方向。

一、漢代論荀

漢代論荀可分為兩方面說明：一、荀子原典編輯成書，二、由戰國至漢初的經典傳承。此中以劉向的成就最為重要，他曾著手整理戰國以來各種荀子版本，輯有《荀卿新書》三十二篇，在文末曰：「所校讎中孫卿書，凡三百二十二篇，以相校除復重二百九十篇，定著三十二篇。」〔註4〕另外所附荀子生平比司馬遷更為完整，他褒揚荀子：「惟孟軻、孫卿為能尊仲尼，蘭陵多善為學，蓋以孫卿也。」「如人君能用孫卿，庶幾於王。」〔註5〕劉向在西漢弘揚荀學，以其輯成荀子原典而居功厥偉。

除了整理版本，汪中在《荀卿子通論》一書中指出兩漢經學賴荀子而紹續。《荀子・勸學篇》有言：

> 學惡乎始？惡乎終？曰：其數則始乎誦經，終乎讀《禮》；其義則始乎為士，終乎為聖人。真積力久則入。學至乎沒而後止也。故學數有終，若其義則不可須臾舍也。為之人也，舍之禽獸也。故《書》者、政事之紀也；《詩》者、中聲之所止也；《禮》者、法之大分，類之綱紀也。故學至乎《禮》而止矣。夫是之謂道德之極。《禮》之敬文也，《樂》之中和也，《詩》、《書》之博也，《春秋》之微也，在天地之間者畢矣。〔註6〕

荀子這一段文字是戰國中晚期對於經學最為精純的敘述，文中提及《詩》、《書》、《禮》、《樂》、《春秋》，未及於《易經》，但〈大略篇〉有言：「善為《詩》者不說，善為《易》者不卜，善為《禮》者不相，其心同也。」〔註7〕「善為《易》者不卜」至今仍為儒者治《易》奉為圭臬，荀子是深於《易》的。〔註8〕荀子之學源於孔氏，而有功於諸經，汪中在書中引《經典敘錄》、

〔註4〕《荀子集解》（臺北市：世界書局，2005年），頁505。

〔註5〕《荀子集解》（臺北市：世界書局，2005年），頁507。

〔註6〕《荀子集解》（臺北市：世界書局，2005年），頁9～10。

〔註7〕《荀子集解》（臺北市：世界書局，2005年），頁460。

〔註8〕朱芳儀：《荀子與周易關係研究》，台灣師範大學國文研究所碩士論文，2015年。朱文中第四章對於荀子與易經的關係有細膩的討論，談「善易者不卜」

《漢書‧楚元王交傳》、《漢書‧儒林傳》諸書，條陳《毛詩》、《魯詩》、《韓詩》、《左氏春秋》、《穀梁春秋》、《曲臺之禮》與易學等流傳系譜，並評曰：「蓋自七十子之徒既歿，漢諸儒未興，中經戰國暴秦之亂，六藝之傳賴以不絕者，荀卿也。」〔註9〕徐平章在《荀子與兩漢儒學》，對於流傳系譜有詳細論述與列表，〔註10〕如果以上二位所言不差，則漢代經學家應有為荀門中人。

二、魏晉隋唐論荀

　　時至魏晉南北朝，荀學稍歇，未見完整注疏，然以思想而言，林郁迢以為荀學的義理藏於思想家的著作之中，他歷數魏晉南北朝自荀悅、徐幹、仲長統、杜恕、傅玄、袁準、裴頠、阮籍、向秀諸家，他們隱於字裡行間的荀學取向。此輩以荀子思想為理論基礎進行社會改革，去力抗魏晉浮誕虛無、不務道本的政治社會風氣。〔註11〕

　　馬積高在〈唐代荀學的閃耀〉一章以為在唐代後期荀子的天人相分說得到空前的闡揚，例如李筌、柳宗元、劉禹錫、呂溫、牛僧儒、楊倞與杜牧等人。〔註12〕柳宗元是弘揚荀學的中流砥柱，而在唐代於荀學最有功者非楊倞莫屬。楊倞為《荀子》全書做注，從注疏中可知楊倞對荀子脈絡有進於前代的理解。劉文起曾專文整理楊倞注荀的成績，他以為楊氏注荀的成就共有五項，其中第一項為將荀書次第予以移易，使其以類相從，筆者以為此點最為緊要，荀子內聖外王的理路因楊倞的重整原典而規模益顯。〔註13〕

以及「以賢易不肖不待卜而後知吉。以治伐亂，不待戰而後知克。」以為荀子呼籲理性的思維與行動應當先於卜筮，以知為本，先本後末，果如此則可取代卜筮的必要性。見頁70。

〔註9〕　《荀子集解》（臺北市：世界書局，2005年），頁23～25。

〔註10〕　徐平章：《荀子與兩漢儒學》（臺北市：文津出版社，1988年），頁112～126。

〔註11〕　林郁迢：〈魏晉荀學之發展〉，《漢學研究集刊》（雲林科技大學漢學資料整理研究所）第9期（2009年），頁83～104。

〔註12〕　馬積高：〈第十一章唐代荀學的閃耀〉《荀學源流》（上海古籍出版社，2000年），頁226～247。

〔註13〕　劉文起：〈楊倞《荀子》注之學術成就〉《中正中文學報年刊》第4期（2001年12月），頁279～3112。另有一篇談楊倞注的缺失，〈從義理及史實探討楊倞注《荀子》之缺失〉，《世新大學人文社會學報》第4期（2003年5月）。

三、宋明論荀

宋明論荀以理學家居多，馬積高歸納宋明理學家的思路有兩個大趨勢：一、諸家皆重視個人修養、心靈淨化；二、諸家皆爲天人合一論者，但試圖賦予天某種程度的理性色彩，論荀由王安石、蘇軾至王廷相、李贄共計十五家。〔註14〕宋明儒者對荀子的評價主要是從形上超越的立場出發，典型的見解可以程頤爲代表〔註15〕姑且不論荀子之惡是否屬於其思想中之「頭段」，荀子最爲後世詬病之處，即在於程頤所言「今於頭段處既錯，又如何踐履？」

雖說如此，亦有當代學者如戴君仁認爲宋儒暗合荀子，戴氏見解值得再三咀嚼。〔註16〕要認識荀子對於形上範疇的立場，必須回顧戰國鄒衍陰陽五行所帶來的流弊才能了解透徹。荀子與宋明理學不必然扞格對立，從馬積高所提到宋明儒者的兩點傾向來衡量，若荀子生在宋明之時，或許也不會反對理學的理性思考。〔註17〕

四、清代荀學

清代學風與宋明有異，論荀者漸眾，考證學家從經學訓詁的風潮之中再次發現了荀子，余英時在討論《中國近代思想史上的胡適》文末提及：

> 清代的考證最初集中在經學，旁及史學，後來發展到諸子之學。這是一個很自然的進程，因爲以先秦古籍的校刊、訓詁、和考訂而言，群經以後便是諸子了。在諸子之中，最先當然要碰到荀子。

余英時由典範的轉移解釋這一段思想史：

> 這樣對一部一部的子書深入地整理下去，最後必然導向諸子思想的再發現，這是經學研究上「訓詁明而後義理明」的「典範」引申到子學研究上一個無可避免的發展，但卻不是清初顧炎武等人提倡「回向原典」時所能預見。〔註18〕

〔註14〕馬積高：〈第十二章唐代荀學的閃耀〉《荀學源流》（上海古籍出版社，2000年），頁248～288。

〔註15〕朱熹編：《河南程氏遺書》（臺北市：臺灣商務印書館，1978年），卷19，頁279。

〔註16〕阮廷瑜：《戴君仁靜山先生年譜及學術思想之流變》（臺北市：國立編譯館，2008年），頁281～284、305～308、434～439、463～476。《戴靜山先生全集》（臺北市：戴靜山先生遺著編委員會，1980年），頁833、1021、1310、1340。

〔註17〕馬積高：《荀學源流》（上海古籍出版社，2000年），頁248～249。

〔註18〕余英時：《中國近代思想史的胡適》（臺北市：聯經出版事業公司，1984年），頁79。

如余英時所言諸子學的發展，嚴靈峰整理所見《荀子》的研究書目在清代以前共有四十一部，清代（1644～1912）則有四十八部，可印證清代荀學興盛之一斑，目前尚存三十一部，多數收於《無求備齋荀子集成》之中，田富美對於《無求備齋荀子集成》眾家資料有清楚列表，可資參考。〔註19〕

　　筆者希望補充張壽安所著凌廷堪研究以為補充說明，因為此份研究適可作為清代荀學一具體而微的觀察。張壽安主張凌廷堪是清代思想由理學轉入禮學的關鍵人物，凌廷堪著有〈荀卿頌〉，值得注意的是，他在清代對人性採取調節化導的態度，積極從事禮學與俗樂的整理與社會實踐，「一生精力專注於研治禮經和推行禮樂教育，其用心全在整飭社會風氣。」荀子所說「學至於行而止矣」，在清代這位深受徽學影響的儒者身上獲得印證，他開拓有清一代的禮學思想。「清初顧炎武提倡實學思想，其後戴震建立以欲為首出之義的新思想，到凌廷堪『以禮代理』之說出，然後清儒通經致用、重欲務實的學風，才有了前後承啓的完整思想體系。」〔註20〕

貳、當代荀子研究

　　臺灣自民國55年至106年半世紀以來，荀子研究的碩博士論文約184篇。自早期開始，論荀者便不只中文界或哲學界，尚且遍及各個研究所，計有：漢學資料、經學、東方人文、歷史、教育行政與評鑑、教育、公民訓育、人文社會科學、政治、新聞學、法律學、國際企業等。研究領域涵蓋：人性論、人格典範、積學、禮義、禮與法、禮與樂、天人、名學、知識論、文學、近年荀子研究成果、荀子與諸子、荀子與兩漢、荀子與經學、清代文獻、清代荀學、注解、聲韻、文字、組織管理、教育、社會、政治經濟等，內容可謂猗歟盛矣！

　　當代學界論荀者眾，近年趨勢更如雨後春筍，各地的著作陸續出版，研討會接連舉辦。民國92年政大哲學系首先推出「國際荀子研究專號」〔註21〕，雲林科大蘇郁銘撰成美國的荀子研究〔註22〕，大陸學者江心力著有二十世紀

〔註19〕　田富美：《清代荀子學研究》（臺北市：政治大學中國文學系中文研究所博士論文，2005年），頁76～80。
〔註20〕　張壽安：《「以禮代理」——凌廷堪與清中葉儒學思想之轉變」》（臺北市：中央研究院近代史研究所，1994年），頁16、34。
〔註21〕　《政治大學哲學學報》第11期（2003年12月）。
〔註22〕　蘇郁銘：《近十年（1994～2003）來美國的荀子研究》（雲林科技大學漢學資料整理研究所碩士論文，2004年）。

前期的荀子研究〔註23〕。研討會則有山東孔子學會〔註24〕、雲林科技大學〔註25〕、輔仁大學哲學系〔註26〕、山東大學儒學研究中心〔註27〕、河北邯鄲學院〔註28〕，以及孔子基金會與山東社科院〔註29〕質量漸佳，至今方興未艾。從上述文獻得知柯雄文、蘇郁銘引介美國學界的荀子研究，佐藤將之推薦日本學界、鄭宰相呈現韓國學界、廖名春、江心力鈎勒大陸學界，他們各自搜尋貫串所在的中、美、日、韓荀子研究的系譜，共同描繪一幅國際學界荀子研究的輪廓。對此日新月異的蓬勃發展，佐藤將之近日所撰《荀學與荀子思想研究：評析、前景、構想》一書，可作為研究概況之導讀。〔註30〕

歐陸的荀子研究並不多見，此處略作補充。荷蘭漢學家戴聞達（Duyvendak，1889～1954）曾與法國漢學家伯希和（Paul Pelliot，1878～1945）一起編輯著名的漢學期刊《通報》（T'oung Pao），以美國漢學家德效騫（Homer Hasenpflug Dubs，1892～1969）的《荀子》譯本為基礎，進行荀子生平研究。德國的柯斯妥（Hermann Köster，1904～1978）在1967年出版荀子的全譯本，審慎為每篇文章區分段落，附上標題，是為正式研究荀子的前行準備。〔註31〕

〔註23〕 江心力：《20世紀前期的荀子研究》（北京社會科學出版社，2005年）。

〔註24〕 「首屆全國荀子學術研討會」，1990年。

〔註25〕 《漢學研究集刊》第3期（2006年12月），雲林科技大學漢學資料整理研究所。

〔註26〕 《哲學與文化》第34卷第12期（2007年12月）。

〔註27〕 山東大學儒學研究中心，「儒學全球論壇（2007年）荀子思想當代價值國際學術研討會」，2007年。

〔註28〕 河北邯鄲學院：「荀子思想的地位和價值國際學術研討會」，2012年。「荀子研究的回顧與新探索國際學術研討會」，2014年。

〔註29〕 「荀子思想的當代價值學術研討會」

〔註30〕 佐藤將之：《荀學與荀子思想研究：評析・前景・構想》，台北：萬卷樓圖書公司，2015年。

〔註31〕 Hermann Köster, Hsün-Tzu ins Deutsch übertragen. Kaldenkirchen: Steyler Verlag, 1967.
顧若愚（又名顧成德）（1904～1978）與中國略有淵源，《華裔學志》記載顧若愚的生平如下：1904生於德國Buldern。1917於聖奧古斯丁攻讀神學。1927～1931於羅馬攻讀學位。1931獲額我略大學博士。1931受命前往中國山東南部。1931年12月抵達上海，結識鮑潤生神父。1933～1941擔任中國神學學生導師，同時擔任《華裔學志》執行編輯，協助鮑潤生神父期刊出版相關工作。1953～1956擔任東京東方研究所成員，協助《華裔學志》在日本的出版工作。1978病逝德國。文中言他的專長是儒家與荀子，但未提及他的荀子譯作。見《華裔學志走過八十》，顧孝永、黃渼婷主編，新北市：輔仁大學華裔學志漢學研究中心，2015年。

法蘭克福大學漢學系的羅哲海（Heiner Roetz，1950～）於 1983 年著有荀子的博士論文。〔註32〕時至二十一世紀 2015 年 Wolfgang Kubin 著有《人的構成》（Die Bildung des Menschen）一書。〔註33〕Kubin 是德國波恩的漢學教授，曾在北京擔任中德思想史，是西方的漢學家與譯者。在序言中提及他是受杜維明啓發而走入荀子研究的領域。

學者不斷挖掘各式各樣的角度，讓當代荀子研究多彩多姿，但不可諱言當代儒家的立場仍是荀子論述背後重要的因素。牟宗三諸君以形上超越角度論荀子的立場與宋明諸子相同，但有兩個重點值得提出，此兩點爲學界研究荀子的共識，一爲肯定荀子的認知主體，二爲指出天生人成的思考原則。牟宗三以爲荀子思想當中的知性主體很有特色：

> （宋明儒者因種種因緣不識荀學之價值，因而亦不及孟荀之綜合。）
> 無知性活動之積極建構性，不能語于形上的心之充實；無形上的心
> 以爲本，則知性之成就不能有最後之歸宿」。此所謂孟荀之相反相成
> 之綜合也。〔註34〕

牟宗三明確指出荀子思想之擅場處爲知性活動，宋明儒學沒有掌握荀子思想的表現形態，殊爲可惜，並將荀子的思考類型歸入知性主體與理解型態。

> （宋明儒學）……不識其所表現之型態之價值而予以融攝與開發，
> 亦是大不幸。須知：道德主體、思想主體，以及絕對實體，俱是精
> 神之表現，無一可缺。「知性主體」之出現，精神表現之「理解型態」
> 之成立，決在荀子，而不在名家。〔註35〕

對於荀子的理解型態，牟宗三以爲表現於科學知識一面是值得開發，而且注意到他與韓非、李斯之不同處在於二人無文化生命、無文化理想。

> 荀子所開出之「知性主體」與「自然」之關係，即理解型態之表現
> 於科學知識一面，則後來無人能承之者。荀子之學一直無人講，其
> 精神一直無人解。此中國歷史之大不幸，不能注意其正面之價值，

〔註32〕 參考蔡錦昌：〈細柔的一與粗硬的一──評德國漢學界的兩種荀子研究〉，《漢學研究》第 25 卷第 2 期（2007 年 12 月）。戴聞達的著作請見 Duyvendak, J. J. L. "The Chronology of Hsuntzu." *T'oung Pao* 26.1～5（1929）：73～95.

〔註33〕 Wolfgang Kubin, *Die Bildung des Menschen*, Verlag Herder GmdH（2015）.

〔註34〕 陳禮彰：《荀子人性論及其實踐研究》（師範大學國文系博士論文，2009 年），頁 267。

〔註35〕 牟宗三：《歷史哲學》（臺北市：臺灣學生書局，2000 年），頁 126～127。

而上繫之於孔孟，而只注意其流弊，遂視之爲開啓李斯韓非矣。實
則彼與韓、李絕對異趣也。（韓李絕無文化生命，文化理想。）
〔註 36〕

幾經思索，本文準牟宗三所示知性主體一徑，向前申論荀子義理，並廣引近
年學界豐富的研究成果互相生發。牟宗三在《名家與荀子》所說的「天生人
成」一節〔註 37〕，後爲學界引以描述荀子思想之原則，筆者嘗試在牟宗三「天
生人成」之後，扣住「人成」，即人文化成，分爲內聖與外王兩部分進行，題
曰：《內聖與外王——荀子的人文化成之道》。〔註 38〕

然何謂內聖與外王？此處需做些註解。《莊子・天下篇》最早出現內聖外
王一辭，莊子對於彼時天下大亂，賢聖不明、道德不一，天下多得一察焉以
自好，而感嘆曰：

判天地之美，析萬物之理，察古人之全，寡能備於天地之美，稱神
明之容。是故內聖外王之道，闇而不明，鬱而不發，天下之人各爲
其所欲焉以自爲方。悲夫，百家往而不反，必不合矣！後世之學者，
不幸不見天地之純，古人之大體，道術將爲天下裂。〔註 39〕

莊子雖以內聖外王名道，但是在〈天下篇〉或莊子的原典中對於內聖外王的
意義並未多做說明。

荀子原典開始出現「聖王」一詞，在《荀子・解蔽篇》論及爲學時，荀
子主張應學爲聖王：「故學也者，固學止之也。惡乎止之？曰：聖王。聖也者，

〔註 36〕 牟宗三：《歷史哲學》（臺北市：臺灣學生書局，2000 年），頁 128。

〔註 37〕 牟宗三：〈荀學大略〉，《名家與荀子》（臺北市，臺灣學生書局，1979 年），頁
213～228。

〔註 38〕 此處牟宗三所說的人文化成之道，近於唐君毅所言人文統類如何形成之道，
茲引述如下：
故言此人文統類如何形成之道，不同于只言己與人相處之倫理，亦不同于只
言人如何自興起其心志，以爲賢聖之道；更非言人之當法地法天以爲道；復
非言人自調理其心知生命，以成真人至人之道。此必待于人之究心於種種人
與自然之各類之物，及人與各類之人間之事之種種特殊關係，與古今歷史之
變，然後能知如何形成人文統類之道，以使人于自然世界之外，實開出一人
文世界。故此人文統類之形成，一方在建立各類之人倫關係以盡倫；一方在
使各類之人所分別創造之人文，更相限制，以相配合、相統率，而皆得成就，
以盡制。而盡制之事，即政治之事。盡倫爲聖，盡制爲王；盡倫盡制之道，
即聖王之道也。參考《中國哲學原論・原道篇》（臺北市：臺灣學生書局，1986
年），頁 439～440。

〔註 39〕 《莊子集釋》（臺北市：河洛圖書出版社，1974 年），頁 1069。

盡倫者也；王也者，盡制者也；兩盡者，足以爲天下極矣。」楊倞於此注曰：
「倫，物理也；制，法度也。」〔註40〕

　　內聖外王至民國年代爲熊十力在《讀經示要》再次提起：「如《大學》三
綱八目，立內聖外王之極。則由此而修學，由此而致治，由此而位天地，育
萬物，贊化育。」〔註41〕熊氏以《大學》之三綱領、八德目解釋內聖外王，
至《原儒》逕以「原學統」、「原外王」、「原內聖」爲標題以醒眉目。〔註42〕
林安梧在《原儒》一書代序歸納熊十力所言內聖外王的意涵：

> 依熊先生所言，《原內聖》乃是發大易之奧蘊，旨在講明內聖外王大
> 備之鴻歸。換言之，所謂的「內聖」原是不離外王的，內聖必然要
> 通向外王。蓋內聖之所重乃人性之自律自由，外王則此自律自由之
> 充極而盡的表現，必然達於一道德的目的王國。實則，依儒者之義
> 說來，此道德的目的王國並不是在彼岸，而是即於當下的此岸而證
> 成的。〔註43〕

熊氏爲內聖外王下定義，內聖所重是人性之自律自由，外王即內聖之充盡表
現且達於道德目的王國，且提出內聖與外王之間的先後關係是：內聖必然要
通向外王，此後開啓民國學人討論內聖外王的風氣。

　　其後牟宗三紹續，在《心體與性體》道：

> 「內聖」者，內而在于個人自己，則自覺地作聖賢工夫（作道德實
> 踐）以發展完成其德性人格之謂也。「內聖外王」一語雖出於《莊子·
> 天下》篇，然以之表象儒家之心願實最爲恰當。「外王」者，外而達
> 于天下，則行王者之道也。王者之道，言非霸道。此一面足見儒家
> 之政治理想。〔註44〕

牟宗三對內聖外王有了更完整的定義，內聖爲自覺地作聖賢工夫或說道德實
踐，以發展完成其德性人格，至於熊十力所說外王是內聖的充盡表現並達於
道德目的王國，牟宗三以爲是行王者之道，並推崇內聖外王爲儒家之心願與
理想。牟宗三以爲內聖一面在先秦儒家本已彰顯而成定型，因而亦早已得其

〔註40〕《荀子集解》（北京市：中華書局，1997年），頁375。
〔註41〕熊十力：《讀經示要》（臺北市：明文書局，1987年），頁3。
〔註42〕熊十力：《原儒》，臺北市：明文書局，1988年。
〔註43〕熊十力：《原儒》（臺北市：明文書局，1988年），頁11。
〔註44〕牟宗三：《心體與性體》（臺北市：聯經出版事業公司，2003年），頁6。

永恆之意義。外王一面在先秦儒家只有一大體傾向，只順著現實歷史稱讚堯舜三代。〔註45〕

余英時在《宋明理學與政治文化》一書中對於內聖外王亦自有看法：

「內聖外王」是一個連續不斷的活動歷程，最後將導致合理的人間秩序的實現。用原始儒家的話表達之，即通過「內聖外王」而變「天下無道」爲「天下有道」。我所謂「歸宿於秩序重建」大致相當於孔子「天下有道，丘不與易」的意思。我在原書中說「第一序的身分則非秩序重建莫屬」，也是此意。我始終認定儒家的最大關懷是人間秩序的整體，也就是「天下有道」。爲了建立這合一的整體秩序，儒家自始便把這一重任寄託在「士」這一特殊群體的身上，此之謂「士志於道」。然則「士」又何所憑藉而能承擔這一重任呢？這便是他們所受到的一套特殊的精神訓練，古代稱之爲「修己」或「修身」。〔註46〕

除了內聖工夫可拓展成外王世界之外，至余英時認爲內聖與外王的關係還可以是動態的往復循環，內聖帶來外王，外王更需內聖，頗爲周全。在詮釋的沿革過程，對於內聖的歧異漸小，我們可總結爲修身，即自覺地作聖賢工夫、道德實踐，以發展完成其德性人格。至於外王部分，承襲新儒家此一議題的當代學者，多以外王由天下有道延伸討論民主自由〔註47〕，此說頗能描述當

〔註45〕 牟宗三：《心體與性體》（臺北市：聯經出版事業公司，2003 年），頁7。

〔註46〕 余英時：《宋明理學與政治文化》（臺北市：允晨文化，2004 年），頁395。

〔註47〕 徐復觀在 1988 年出版《儒家政治思想與民主自由人權》（臺北市：臺灣學生書局），其後相關論文不絕如縷，例如楊儒賓：〈人性、歷史契機與社會實踐──從有限的人性論看牟宗三的社會哲學〉，《臺灣社會研究季刊》第 1 卷第 4 期（1988 年冬季號）。陳忠信：〈新儒家「民主開出論」的檢討──認識論層次的批判〉，《臺灣社會研究季刊》第 1 卷第 4 期（1988 年冬季號）。蔣年豐：〈法政主體與現代社會──當前儒家應思考的問題〉，《中國文化月刊》111 期（1989 年 1 月）。林毓生：〈新儒家在中國推展民主的理論面臨的困境〉，《政治秩序與多元社會》，臺北市：聯經出版事業公司，1989 年。何信全：〈在傳統中探尋自由民主的根源──徐復觀對儒家政治哲學之新詮釋〉，收入李明輝主編：《當代新儒家人物論》，臺北市：文津出版社，1994 年。何信全曾專書討論新儒家如何由內盛開出外王的各種方式。《儒學與現代民主──當代新儒家政治哲學研究》，臺北市：中央研究院中國文哲所籌備處，1996 年。
李明輝自 1991 年起連續發表相關著作，〈儒學如何開出民主與科學〉，《儒學與現代意義》，臺北市：文津出版社，1991 年。他在本文論及：「今（1988）年 8 月 29 日至 9 月 3 日在新加坡舉行的『儒學發展的問題及前景』討論會中，

代社會的特色，但本文討論荀子著重從基本史料開始建構，在社會學或政治學的基礎尚未穩固之前，率而以民主自由談外王，惟恐唐突。筆者先以余英時所言「人間秩序的整體」為主，原因有二：一者方便進行討論，二者離牟宗三前言的行王者之道不遠。〔註48〕我們關心民主自由，是因為民主自由可以邁向天下有道。

張子立在其博士論文第八章討論〈內聖與外王之兩行〉可為補充說明。篇中提及若以內聖指涉道德領域，以外王表示政治領域，則內聖與外王是道德與政治兩者相互關係之研究，如此內聖開外王有三種解釋：一、內聖與外王就某種意義而言，是指政治制度來自人之仁心，不忍人之心為不忍人之政的先決條件。道德意識或稟賦為政治制度的基礎。二、道德意識驅使我們將國家社會視為個人生命之延長與終極實現，政治成就即修己之最高表現，此

關於中國傳統文化與現代化底關係的爭論又再度出現。」說明了這一系列著作的緣起。《當代儒學之自我轉化》，南港：中央研究院中國文哲研究所，1994年。〈性善說與民主政治〉，《孟子重探》，臺北市：聯經出版事業公司，2001年。〈由「內聖」向「外王」的轉折——現代新儒家的政治哲學〉，《中國文哲研究集刊》第23期2003年9月，頁337~350。

〔註48〕 有關內聖外王，學者討論者眾，僅列舉數文為例。如吳震：〈對「內聖外王」的一種新詮釋——就余英時《朱熹的歷史世界》而談〉，《國學學刊》第2期（2010年）。王邦雄等著之《中國哲學史》（臺北市：里仁書局，2005年），頁10~11。林安梧：〈後新儒學的新思考：從外王到內聖——以「社會公益」論為核心的儒學可能〉，《鵝湖》第350期（2004年8月）。余英時談從「內聖」轉出「外王」，〈第八章理學家與政治取向〉，《朱熹的歷史世界：宋代士大夫政治文化的研究》（臺北市：允晨文化，2003年）。

施華慈雖然未直接用內聖與外王一詞，然而他在一篇討論歐陽修的文章中所言的內外，與內聖與外王相去不遠：

施華慈先生的「兩極性」之說，亦即是他所發現的控制著儒家思想家或政治家之選擇範圍的更替性的強調重點，在這些（上述）概念中是至為明顯的。其一端為治理世界、改革社會與邦國的興趣；另一端則為修身、培養自身的德行或能力的興趣。在每一強調中都存在著「內」與「外」，精神與外在行為，德與禮的對照。歐陽修的「治」與「教」的對偶點活了那古老的行動與知識的二元論。在所有這些觀念中皆有一種典型的全體論：無論何種修持都必須是整體的，它的目的總是在於彌補裂縫，一種「使其成為整體」的作法。自修尤其可解作對個人之價值與實際——外在的、情緒的、以及心理的——行為間的不協調的克服。改革的觀念的意思就是理想與真實之間的歧異的消除。歐陽修的烏托邦式的懷古幽情可以正當地被稱作整體主義；因為他所遺憾的正是國家機構與人類社會的功能已變成了兩個分別的東西此一事實。參考尼微遜（David S. Nivision）等著：《儒家思想的實踐》（臺北市：臺灣商務印書館，1980年），頁8~9。

是孔子所言修己以安人，修己以安百姓。三、在傳統帝王政治格局中，聖君賢相便成為內聖外王架構中理想的政治運作模式。〔註49〕

此說扼要指出傳統論內聖與外王之間的關係，若以荀子的內聖外王而言，一、道德意識確為政治制度的基礎，只不過在荀子的思想中，特別著重並加入認知理性作為道德實踐的基礎。二、有了認知理性作基礎的道德實踐，亦談修己以安人，修己以安百姓，甚至是修己以理天地。三、在荀子的思想中，聖君賢相是為內聖外王架構中理想的政治運作模式，然而他的聖人並非不世出，而是由凡人眾人經過一段點滴累積的工夫修為，漸次養成。此外，唐君毅以為荀子於社會中之有關於種種人倫關係，即當有種種禮制、政制，以形成人文統類之道之種種義，論之甚詳。〔註50〕也就是對於外王領域有較細膩的敘述。

第二節　研究目的與研究方法

前言淵遠流長的傳統文化來到現代，面臨諸多挑戰。如果我們定義儒家的內涵為內聖外王，荀子是儒家嗎？荀子有內聖思想可言？荀子有外王思想可言？荀子的內聖與外王之間的關係為何？有補於今日之世？凡此相關問題皆是本文嘗試進一步釐清之處。為了推敲上述種種關節，筆者以為在研究方法上勢必需要有一些釐清，以便鉤勒荀子的思想面貌，約略分為文字考證、歷史考證與義理詮釋三方面說明。

壹、考據與思想

所謂考證，本文可分文字考證與歷史考證兩方面來說，先談文字考證與思想義理之間的關係。顧炎武曰：「讀九經自考文始，考文自知音始。以至於諸子百家之書，亦莫不然。」錢穆在《中國近三百年學術史》論及乾嘉考證學即本此推衍。〔註51〕戴震言：「經之至者，道也，所以明道者，其詞也。所以成詞者，字也。由字以通其詞，由詞以通其道，必有漸。」〔註52〕這是訓

〔註49〕 張子立：《從逆覺體證到理一分殊新釋──試析現代新儒學的內在發展》，政治大學哲學博士論文，2007 年，頁 163～167。
〔註50〕 唐君毅：《中國哲學原論‧原道篇》（臺北市：臺灣學生書局，1986），頁 475。
〔註51〕 錢穆：《中國近三百年學術史》（臺北市：商務印書館，1987 年），頁 134。
〔註52〕 戴震：〈與是仲明書〉《戴東原集》第二冊卷九，（臺北市：臺灣商務印書館，1968 年），頁 30。

詁明則義理明的考據精神。荀子研究不乏考據精當者，但考據與義理不相通貫；不乏義理精妙者，但無考證基礎常淪爲望文生義，是以本文希望考證與思想並轡而行。

《荀子》原典有〈正名篇〉，從中可見他對於「名」或說「概念」掌握清晰，在下筆遣辭用字之時格外審愼，這是吾人認爲荀子文字值得字斟句酌之處。德國漢學家科斯妥非常注重字義和文字訓詁的工夫，所著《論荀卿哲學》一書即主張：嚴謹有度的思想是必須確知概念（Begriff）如何使用，才創發得出來。〔註 53〕傅斯年，以〈性命古訓辨證〉一文，從研究方法的角度展現文字訓詁對於闡明思想的重要，〔註 54〕徐復觀在〈生與性——中國人性論史的一個方法上的問題〉文中提醒：從思想史的立場來解釋性字，只能由上下文來加以決定。〔註 55〕本文在討論〈正名篇〉之時，即由文字訓詁的角度逐一解讀「性」、「情」、「欲」、「心」「慮」「知」「能」「僞」諸字，以見荀子內聖思想有一橫向的開展，由這組概念解讀荀子義理，從柯斯妥、傅斯年所強調文字訓詁的角度，或從徐復觀所側重的上下文中的觀念兩者是可以並行不悖，甚至可以說合則雙美。

在文字考證之外，本文尚留意歷史考證，傅斯年揭示：「史學便是史料學」〔註 56〕。梁啓超在《中國歷史研究法》云：「史料爲史之組織細胞，史料不具或不確，則無復史之可言。」〔註 57〕《中國歷史研究法補編》提及年譜：「章實齋說：『年譜者，一人之史也。』年譜所述不外一個人歷史的經過。這種題裁，其好處在將生平行事首尾畢現，鉅細無遺。」〔註 58〕王師金凌曾經強調年譜製作的重要性，並著有〈劉勰年譜〉以爲示範，〔註 59〕筆者在撰寫《《楚漢春秋》初探》一文如法泡製撰陸賈年譜，譜主生平梗概確立，事蹟即各有定位，〔註 60〕對於解釋思想家的義理助益匪淺，筆者製作荀子年譜即由此而

〔註 53〕 蔡錦昌：〈細柔的一與粗硬的一——評德國漢學界的兩種荀子研究〉，《漢學研究》第 25 卷第 2 期（2007 年 12 月），頁 348～349。

〔註 54〕 〈性命古訓辨證〉，《傅斯年全集》第二冊，臺北市：聯經出版事業公司，1980年。

〔註 55〕 《中國人性論史先秦篇》，臺北市：臺灣商務印書館，1988 年。

〔註 56〕 《傅斯年全集》第二冊（臺北市：聯經出版有限公司，1980 年），頁 6。

〔註 57〕 《中國歷史研究法》（臺北市：臺灣中華書局，1961 年），頁 36。

〔註 58〕 《中國歷史研究法》（補編）（臺北市：臺灣中華書局，1961 年），頁 38。

〔註 59〕 《劉勰年譜》，臺北市：嘉新水泥公司文化基金會，1976 年。

〔註 60〕 《《楚漢春秋》初探》，《輔大中研所學刊》第 14 期（2005 年）。

發。論文第二章收集各式史料，期能治一荀子年譜，進而與荀子思想義理做一結合。舉例而言，學界罕論荀子與長平之戰的關聯，筆者在論文第二章試圖結合荀子與長平之戰，並推敲其間的意義。西元前 266 年，荀子 50 歲。荀子於此年後、長平戰前赴秦說儒效。西元前 265 年，荀子年 51 在趙孝成王即位後，於長平戰前赴趙議兵〔註 61〕。荀子可以挑選許多時機入秦、趙，但爲何是長平大戰之前？荀子有興趣的議題很多，但爲何入秦談儒、赴趙論兵？荀子潔身自愛自律甚嚴，明於人物褒貶，言必稱周孔禮樂文化，於戰前入秦、趙二國如果可以解讀爲前去弘揚儒家理念，而不算過度詮釋，果真如此，則可窺見荀子與子貢相同，亦能熟知當時國際局勢。講〈議兵篇〉與〈儒效篇〉之義理，如果能補充此段時代背景，或能深入字裡行間，體會荀子義理內部的旨趣。

另，西元前約 255 年，春申君滅魯後，吾人皆知春申君任荀卿爲蘭陵令，荀子時年 61 歲左右。然而戰國蘭陵位於何處？經考證得戰國蘭陵在春秋時代爲魯國故地。荀子晚年於魯國故地爲官著述，將理論化爲實踐，實踐過後再來著述，遙想周孔先賢典型，不無啓發振作之功，適爲荀子尊孔添一佐證。

貳、回歸經典與經典詮釋

回歸原典會協助研究者以清明的心識看出思想家借文字形式所傳達出來的訊息，例如以荀子的書寫形式而言，有一明顯的特色是篇有篇名，篇中文字涵藏對此名的論證，是爲荀子匠心獨運的語言密碼，順此語言密碼解讀，我們可以揭開許多先前含混不清的研究盲點。

經典詮釋是近年來的學界共識。〔註 62〕此處援用的是傅偉勳的詮釋方法，傅偉勳將經典詮釋當中的實謂、意謂、蘊謂、當謂、必謂五個層次一一道出，值得探究。有關實謂的層次，傅氏曰：

> 正因爲「實謂」屬於純粹客觀而不可推翻的原初資料，在原典研究
> （textual studies）上如何找出原原本本或至少幾本近眞實的版本，
> 乃成爲考據之學的首要課題。〔註63〕

〔註61〕 詳見第二章。

〔註62〕 傅偉勳：《從創造的詮釋學到大乘佛學》（臺北市：東大圖書公司，1990 年），頁 12～44。

〔註63〕 傅偉勳：《從創造的詮釋學到大乘佛學》（臺北市：東大圖書公司，1990 年），頁 13。

傅氏論詮釋學看似西方的方法，但與傳統漢學與宋學絹合，卻又若合符節，此點近似傳統的漢學要求，本文第二章第二節即進行《荀子》原典的文字考證，這是解讀荀子思想的客觀共同基礎。

在實謂之後，可進入有關「意謂」的層次：

> 就詮釋者的主體性這一面說，他所需要的基本態度是具有同情的了解意義的（幾近美學上所說的「移情同感」）一種德國哲學家狄爾泰所倡「隨後體驗」（Nacherleben）的工夫。狄爾泰曾經提出：「（原來作家的）體驗→（體驗形成作品的）表現→（鑑賞者或詮釋者的）隨後體驗」。我們援用狄氏的用語，無非是要強調主體性層面願有「如實了解」原典或原思想家的詮釋學態度的必要性，「隨後體驗」的工夫即是此一儘求「客觀」的詮釋願望應該產生的主體性效應。為了獲致此一效應，詮釋者必須設法了解原思想家的生平傳記、時代背景以及思想發展的歷程等等，這當然有助於原典的深刻了解。〔註64〕

本文在第二章第一節綜合荀子的生平、時代與思想，整理荀子年譜，即意在回溯荀子的戰國經歷，與美學上的「移情同感」或狄爾泰所說的「隨後體驗」不謀而合。

具備了「隨後體驗」，傅偉勳以為在「意謂」層次需進行語意分析，包括：脈絡分析、邏輯分析以及層面分析。本文之意謂以《荀子》原典考證，荀子年譜作基礎，再進行脈絡分析。脈絡分析的成果見於附錄〈荀子原典重整〉。脈絡分析之後，自然容易達成邏輯分析。有了脈絡分析、邏輯分析，自然隨之而來的是層面分析。荀子原典開始以主題名篇，一個主題便是荀子在當代希望討論的議題，瀏覽篇目便可知他對當代議題關懷的各個層面，此為本文層面分析的示範。

完成「意謂」層次之後進入「蘊謂」層次，即能在原典的字裡行間進行鉤沉索隱：

> 我們在「蘊謂」層次的首要工作，即在通過思想史上已經有過的許多原典詮釋進路探討，歸納幾個較有詮釋份量（hermeneutic weight）的進路或觀點出來，俾能發現原典思想所表達的深層義理，以及依此義理可能重新安排高低出來的多層詮釋蘊涵。〔註65〕

〔註64〕傅偉勳：《從創造的詮釋學到大乘佛學》（臺北市：東大圖書公司，1990年），頁20。

〔註65〕傅偉勳：《從創造的詮釋學到大乘佛學》（臺北市：東大圖書公司，1990年），頁27。

在前人研究成果之中便可綜合學界對荀子大致的解讀路徑，本文之蘊謂在提出荀子思想具潛藏的超越性格，包括潛在性善與潛在形上學。

「蘊謂」之後的「當謂」是指能對潛藏的義理進行批判：

> 到了「當謂」層次，我們還要進一步在種種詮釋進路所各別發現的深層義理之中進行批判的比較考察，依據我們通過思想史的探討、中外哲學與詮釋學的方法論鑽研，以及我們自己多年來積下的詮釋學體驗與心得，對於原典或原思想家的思想表達建立一種具有獨創性的詮釋學洞見與判斷（an unique hermeneutic insight and judgment），設法掘發原思想體系表面結構（the surface structure）底下的深層結構（the deep structure）出來。我們一旦掘出深層結構，當可超越諸般詮釋進路，判定原思想家的義理基礎以及整個義理架構的本質，依此重新安排脈絡意義、層面意蘊等的輕重高低，而為原思想家說出他應當（should）說出的話。〔註66〕

如傅偉勳所言之「當謂」，筆者結合第三章與第四章，通過思想史、中外哲學與詮釋學的體驗與心得，我們可以偵測荀子思想有一內聖與外王的深層結構。準此深層結構，荀子的文字與思想可以有一妥善的重新安排，隨著新脈絡意義、層面意蘊等的輕重高低的安排，新的意義也應運而生。

傅偉勳以為「當謂」尚且不是詮釋的終點：

> 我們在「當謂」層次試為原思想家說出他本應該說出的話，為他澄清表面矛盾，掘發思想體系的深層結構，發現終極義理，藉以重新安排他那思想體系之中的多層義蘊。這是創造的詮釋學工作的一大重點，卻非終點。〔註67〕

如果詮釋不只於追求荀子的原貌或當謂的深層結構，那麼創造詮釋的終點何在？傅氏曰「必謂」，也就是創造的詮釋學。

> 創造的詮釋學之所以具有詮釋學的創造性（hermeneutic creativity），端在創造的詮釋學家自「當謂」層次上進「必謂」層次的思維歷程之中必然形成的自我轉化（self-transformation），他的學問人格即從

〔註66〕 傅偉勳：《從創造的詮釋學到大乘佛學》（臺北市：東大圖書公司，1990年），頁33～34。

〔註67〕 傅偉勳：《從創造的詮釋學到大乘佛學》（臺北市：東大圖書公司，1990年），頁39～40。

批判的繼承者（a critical inheritor）轉變成為創造的發展者（a creative developer）創造的詮釋學家從「當謂」層次上進「必謂」層次，必須帶有海德格所云一種「啟明觀念的力量」，不但能為原思想家徹底解消原有思想的任何內在難題或實質性矛盾，如此「救活」原有思想，同時又能百尺竿頭更進一步，剋就哲學思維的突破與創新一點特為原思想家完成他所未能完成的思想課題。〔註68〕

傅偉勳以為在「當謂」之上有「必謂」的層次。筆者期許能具備海德格所說「啟明」的力量得以自我轉化，不只對荀子做到批判的繼承，還能進一步創造的發展，為荀子解消內在難題或實質性矛盾，完成他所未能完成的思想課題，以「救活」荀子思想。若吾人可得對荀子思想之當謂，那麼荀子思想在現代是否有其「必謂」可言，這是本文試圖努力的方向。

參、對話與會通

在傅偉勳前言「意謂」的層次中，筆者擬補入「對話」概念互相生發。荀子的思想雖然自成系統，但在探索過程中如果重視他所身處戰國的環境，與先秦諸子的切磋互動，更能描述荀子思路的轉折，是以筆者在研究方法留意荀子與古今諸家之對話：

Dialectic 字面意義是交談的藝術，此字已使用於蘇格拉底以前。蘇格拉底時又賦予它一個古典意義：蘇氏嘗試用辯論的方式澄清概念，使人見到事物的本質；而柏拉圖的對話錄（Dialogues）更進一步，透過正面的陳述與反面的辯駁，抽絲剝繭一般使事物的本質呈現出來，循此而向上推出最根本的實在，此即觀念。〔註69〕

舉例而言，瀏覽原典可知荀子對孔子拳拳服膺，對話最為頻繁的是墨子，工夫最有啟發的是道家，思維方式則有名家的影響，若要論荀，孔、墨、老莊與名家的重要性不亞於孟子。如〈禮論篇〉與〈樂論篇〉乃明顯起於繼承孔子對於禮樂教化的反省，與回應墨子之的批評，如果不引用孔子、墨子的原典補充說明，將無法讀出荀子字裡行間的蘊謂或當謂，第四章第三節由墨子

〔註68〕　傅偉勳：《從創造的詮釋學到大乘佛學》（臺北市：東大圖書公司，1990年），頁40。

〔註69〕　布魯格編著、項退結編譯：《西洋哲學辭典》（臺北市：先知出版社，1976年），頁118～119。

〈非樂〉談荀子〈樂論〉即爲示範。〔註70〕又如談〈解蔽篇〉中的虛靜若能與道家思想比較，可以看出荀子如何具體出入各家，這些都是荀子所言「兼陳萬物而中懸衡」、「不以彼一害此一」、「不以所藏害所將受」的具體示範，荀子是因著與諸子的對話與會通去重振儒家思想。

　　荀子是由溝通對話達到集大成，後世儒學再興都與此一海納百川式的思考方式相關，董仲舒時代亦是如此。舉例而言，荀子的「非十二子」，與董仲舒的「罷黜百家、獨尊儒術」，該如此解讀：荀子主張解蔽、兼陳萬物而中懸衡，所以是先看「十二子」，「十二子」是指對宇內所有的學派一視同仁全體觀照，而不是先看「非」字，荀子是熟透「十二子」之後，才衡之以禮樂之道以非之。漢初的思想家是在百家並出之後，經過長期的沉澱與消化，最後才選擇儒家，罷黜與獨尊看似斬截，其實背後是一段漫長的醞釀。另外，儒學之盛不靠官方在行政措施上的罷黜或獨尊，而是靠早已海納百川的豐富內涵。

第三節　論文章節介紹

　　筆者於第一章回顧荀子歷代研究成果，沿續牟宗三對於荀子人文化成的肯定，定義儒家所言之內聖與外王，並從文字、歷史與詮釋三個方法來研究此一議題。第二章第一節考證荀子生平年譜，篇幅稍長，然而筆者以爲如果能循著荀子在戰國的足跡，對於他的思維方式較易有相應的「移情同感」與「隨後體驗」，所謂知人論世是也。在第二章第二節論荀子之書，筆者結合荀子的名學思想與書寫形式，以爲荀子的著作具有理性書寫的特色。所謂理性書寫在此特指具備形式上的邏輯概念，指有概念、有推論、有論證、有系統、有架構，荀子的名學思想與書寫形式結合之後展現在用字精確、主題概念名篇，論證綿密以及可推出背後的系統架構，筆者整理此一架構層級可分內聖篇與外王篇，分別由第三章與第四章詳加闡釋。全書意義詮釋的先後順序之層級性由此產生，此一層級性的全盤浮現與先後安排將影響吾人對於荀子思想重點的解讀。

〔註70〕 Donald J. Munro 便爲文討論墨家思想在荀子一書中所扮演的角色，參見 "A Villain in the Xunzi." *Chinese Language, Thought, and Culture-Nivison and His Critics*. Ed. Philip Ivanhoe. Chicago: Open Court, 1996. pp.193～201.Burton Watson 在荀子英譯本的導言也提到荀子欲回應的對象是墨子，可參考 *Hsun Tzu: Basic Writings*. New York: Columbia University Press, 1963.

　　根據第二章第二節層層考證篩選，筆者選取〈正名〉、〈解蔽〉、〈性惡〉與〈勸學〉四篇共同組成第三章荀子內聖思想，在荀子的內聖思想，我們看見荀子以知性主體開出一重又一重的實踐工夫，正是牟宗三所說自覺的聖賢工夫或余英時所言之修身。〈正名篇〉指出荀子知性主體內聖思想的橫向開展，〈解蔽篇〉所言「兼陳萬物而中懸衡」、「虛壹而靜」是為知性主體內聖思想的縱深沉澱。〈正名篇〉中天生的性情在〈性惡篇〉加上道德判斷，但荀子顯然不在指出「性惡」，而在性與偽之間，人可以選擇積善成聖人君子，也可以縱性情、安恣睢繼續當小人，持續「化性起偽」才是荀子本意。筆者以為〈勸學篇〉的不已積學是荀子內聖思想的中心，為「兼陳萬物而中懸衡」、「虛壹而靜」、「化性起偽」帶動前進的方向，傳承的意義。

　　第四章指出人不能只是一個知性主體，知性主體在完成重重內聖工夫之後，需要落實在人間世界踐行。筆者在本章擬處理四個層次，第一個層次借〈儒效篇〉討論儒者自覺；第二個層次論禮，第三個層次論樂，討論人間互相成全的文明秩序如何重新建立；第四個層次論天，討論聖人與天地。荀子的思考層次綿密而豐富，可論者夥矣，本文僅選取四個層次以見微知著。這四個層次正是牟宗三所說的「行王者之道」，余英時所言「天下有道」、「人間秩序的整體」。第五章總結荀子內聖外王的人文化成思想，並嘗試提出荀子之「必謂」。

第二章　荀子的生平與著作

　　學界對於荀子生平多言生卒年不詳，荀子原典如牟宗三所言：「先秦諸子，儒家者以荀子爲難讀。論語孟子皆簡易順適，須訓詁者不多。而荀子則每篇皆須訓詁校刊以順通其章句。」〔註1〕李滌生亦曰：「原文衍、奪、竄、譌之處所在多有。」〔註2〕戰國史料散逸，存在以上說法，可以理解。然荀子是一位人間性、經驗性強的思想家，原典當中留有不少時空座標的線索，筆者嘗試結合戰國史料與原典文本，希望復原荀子的經歷與遊踪，重建荀子文本的規模與脈絡，準此爲基礎，討論荀子的人文化成之道。是故第一節先進行生平部分的梳理，第二節討論重整荀子的著作。

第一節　荀子的生平

　　因爲歷經戰爭，所以嚮往文明和平。荀子的生平經歷有何特色？此中我們要特別點出荀子間接與直接的戰爭經歷，並嘗試將他的經歷與思想結合。

壹、備戰狀態的祖國——少年荀子適逢趙武靈王胡服騎射

　　趙國是七雄之中與匈奴邊界相連最爲綿長的國家，這個四面受敵的國家〔註3〕在趙武靈王整軍經武之後，因胡服騎射於北方崛起。據史料所見，荀子少年雖未遭遇重大戰事，然而是成長在備戰氣氛之中。

〔註1〕 李滌生：《荀子集釋》（臺北市：臺灣學生局，1979年），頁 iii。
〔註2〕 李滌生：《荀子集釋》（臺北市：臺灣學生局，1979年），頁 vi。
〔註3〕 「（燕王喜）召昌國君樂間問之，對曰：『趙四戰之國，其民習兵不可伐。』」，〈燕召公世家第四〉，西漢・司馬遷撰，裴駰集解、司馬貞索隱、張守節正義，《史記三家注》（臺北市：漢京文化事業有限公司，1981年），頁 613。

一、西元前約 316 年出生於趙國

《史記》本傳記錄荀子出生於趙國，〔註4〕關於這點各家說法皆同。佐藤將之在研究荀子生平時，強調趙國對於荀子的思想形成應扮演重要的啟蒙角色，而趙國的興衰也正好與荀子一生相始終，〔註5〕他的說法點明出生於趙國對於荀子而言的意義。

清代胡元儀於〈郇卿別傳考異二十二事〉一文，引用唐人林寶所著《元和姓纂》中的記載，將荀子的先世上溯周文王〔註6〕：

> 郇，周文王十七子郇侯之後，以國爲氏，後去邑爲荀。晉有荀林父，生庚，裔孫況，況十一代孫遂，遂生淑，淑生儉、緄、靖、燾、汪、爽、肅，時人謂之八龍。案：《水經注》涑水逕猗氏故城北，又西逕郇城。郇，伯國也。其地即今山西蒲州府猗氏縣之境。郇國，晉武公所滅，見《竹書紀年》。故郇伯之後，仕於晉獻公之世有荀息，魯僖二十七年，荀林父御戎，林父于息屬之，親疏未詳。林父子庚成三年聘魯，庚子偃，成十六年佐上軍，偃子吳，襄二十六年聘魯，吳子寅，昭二十九年與趙鞅城汝濱，定十三年入於朝歌，叛魯，哀五年奔齊。由寅至郇卿幾二百年，其間幾世不可詳矣。林寶所云，皆據郇氏家傳，信而有徵者也。但《後漢書》〈荀淑傳〉稱淑爲荀卿十一世孫，則遂當是十世孫，不知今本《元和姓纂》誤衍一字歟，抑今本《後漢書》十一世乃十二世之誤歟，無明據以證之也。

荀子的先世爲周文王十七子郇侯，此項史料對於推敲荀子生平十分珍貴。荀子的先世爲周文王這是個重要的起點，荀林父有文采、有武略，孫遂之子尚有八龍，歷代先祖對荀子應多有啟發。爲輔助唐代林寶指荀子爲周文王之後，我們回顧荀子原典的〈禮論篇〉與〈樂論篇〉，見荀子對於禮樂制度之嫻熟，可推出荀子爲貴族之後，系出名門。荀子確切生平，自司馬遷以下各家說法皆有言之有據，筆者羅列歷代製作的荀子年譜，斟酌前賢說法，逐一安排有史料根據的經歷：出生於趙、遊齊三爲祭酒、訪秦與趙、入楚、爲蘭陵令等，謹訂其生年爲西元前約 316 年，相關討論請見本章與附錄〈荀子年譜〉。

〔註4〕《史記三家注》（臺北市：漢京文化事業有限公司，1981 年），頁 941。

〔註5〕Sato, Masayuki. *Confucian State and Society of Li: A Study on Political Thought of Xun Zi.* Netherlands: University of Leyden, 2001, pp.32～33.

〔註6〕《荀子集解・考證》（臺北市：世界書局，2000 年），頁 45～46。

二、成長於武靈王胡服騎射之世

　　吾人由荀子出生的趙國可推測少年荀子的成長背景。趙自開國以來便多有明君、良相與忠臣，例如協助晉文公締造霸業的趙衰，察納雅言的趙列侯與趙肅侯，趙武的事蹟更是膾炙人口。幼年荀子成長的背景，適逢西元前 307 年趙武靈王推動胡服騎射。

　　展開戰國地圖，趙國在七雄之中的地理位置十分特殊，與北方匈奴毗鄰的邊界較各國綿長，夾在強大外敵覬覦與中原群雄爭霸之間，趙國幾乎是腹背受敵，因此不得不奮發圖強。武靈王即位，傾力說服國中臣民因應環境胡服騎射，以解除來自北方匈奴的威脅，冀望在強敵環伺之下崛起。在東周的宗法社會中，衣冠即文明象徵，胡服騎射改變的不只是表面的軍事服裝配備，更是禮樂制度下的文化生活，武靈王高瞻遠矚，但需要國中共同支持這項文化的重大革新。史載武靈王贏得支持，胡服騎射之後證明趙國國力漸漸能傲視諸侯，進而與西秦爭勝。

　　所謂的胡服騎射可說是一支戰國時期建立的特種部隊，李則芬言戰國時代不再有作戰車輛，就是不再進行堂堂的旗鼓合戰，取而代之的是運動戰與殲滅戰。隨著運動戰的興起產生騎兵，騎兵完全是戰國時代的新興軍種。趙國情況尤為特殊，因為要對抗北方的匈奴，其騎兵比例約比其他六國大一倍。但有一點值得注意，趙國騎兵多配置代〔註7〕、雁門〔註8〕一帶，以對付匈奴。據《史記》李牧傳說，他在鎮戍代邊時，統率十五萬步兵，而騎兵便有一萬三千。〔註9〕春秋時期的作戰型態多以旗鼓合戰的車戰為主，到了戰國時代，趙國領風氣之先，開始設置機動力強的騎兵，配合原先的步兵共同抵禦外侮，由車戰而步兵而騎兵，這是很明顯的轉變。

　　戰國晚期趙國滅亡並不全因西秦入侵，彼時國中仍然將相如雲：廉頗、藺相如、樂乘、龐煖與李牧皆為朝廷棟樑之材，即使遭逢大規模的長平戰後依舊戰鬥力十足。〔註10〕

〔註 7〕　在今直隸蔚縣。參見臧勵龢等編：《中國古今地名大辭典》（臺北市：臺灣商務印書館，1975 年），頁 179。

〔註 8〕　在山西代縣西北三十五里。參見臧勵龢等編：《中國古今地名大辭典》（臺北市：臺灣商務印書館，1975 年），頁 964。

〔註 9〕　李則芬：〈春秋戰國間戰爭型態的演變〉，《三軍聯合月刊》18：4（1980 年 6 月）。

〔註 10〕　《荀子集解·考證》（臺北市：世界書局，2000 年），頁 708～727。

孟子曰：「春秋無義戰」，但褚伯思以爲趙武靈王面對北方匈奴所展開的戰爭，顯然是有別於六國交相爭鬥的反侵略戰，保衛中原文化，厥功甚偉。何以言之？因爲武靈王所征討的多爲胡人，是反侵略的戰爭，而非侵略戰。如林胡，爲標準的胡人；至於樓煩，即匈奴所居地；而中山，即春秋時之鮮虞，爲白狄別種。〔註11〕

據歷史記載，荀子少年居趙期間，趙武靈王胡服騎射主要是抵禦匈奴，並未遭遇重大戰事，然而武靈王當年銳意圖新、提振士氣，荀子應該印象深刻，但他日後並未留在趙國替父母之國效力，非是武靈王不夠雄才大略，衡諸荀子生平，身爲文王之後，應比胡服騎射對荀子更有啓發，否則我們無法理解，他爲何能在如此年少之時便已立定出發的方向。

三、與三晉法家文化的關係

我們已知戰國時期趙國最具特色的胡服騎射爲武靈王號召，但文化學術層面是何景象？學者雖稱荀子深受三晉法家文化影響，其實不然。韓、趙、魏三家分晉，趙國延續了春秋時期的三晉文化遺產，學界多主張法家人物出自三晉，嚴耕望以爲法家重要人物，除李斯外，不但爲三晉人，且其籍居南自陽翟〔註12〕、新鄭〔註13〕，北至濮陽〔註14〕、邯鄲〔註15〕，直線距離不過約兩百五十公里，東西距離更狹，然儒家初期傳到三晉，雖頗興盛，但已似稍變質，荀卿似亦非純儒，此殆與三晉地方風氣、政治環境、歷史傳統有關歟？〔註16〕嚴耕望認爲荀子思想發展與三晉學風不無地緣關係，是爲儒者受法家影響的代表。孫開泰也同意三晉文化與法家的深厚淵源「三晉不只是法家的搖籃，而且也是名家、縱橫家產生的地方。」〔註17〕董林亭與張潤澤在

〔註11〕 褚伯思：《中國軍事史話》（臺北市：黎明文化事業公司，1980 年），頁 69。

〔註12〕 今河南禹縣治。參見臧勵龢等編：《中國古今地名大辭典》（臺北市：臺灣商務印書館，1975 年），頁 961。

〔註13〕 清屬河南開封府，民國初屬河南開封道。參見臧勵龢等編：《中國古今地名大辭典》（臺北市：臺灣商務印書館，1975 年），頁 1016。

〔註14〕 今河南滑縣東北。參見臧勵龢等編：《中國古今地名大辭典》（臺北市：臺灣商務印書館，1975 年），頁 1282。

〔註15〕 今直隸邯鄲縣西南十里。參見臧勵龢等編：《中國古今地名大辭典》（臺北市：臺灣商務印書館，1975 年），頁 573。

〔註16〕 嚴耕望：〈戰國學術地理與人才分布〉，《嚴耕望史學論文選集》（臺北市：聯經出版事業公司，1991 年），頁 46。

〔註17〕 孫開泰：〈論三晉古文化對春秋戰國諸子百家爭鳴的影響〉，《邯鄲技術學院學報》第 4 期（2006 年）。

〈荀子與趙文化〉一文中並不贊同學界把荀子學說中的尚法傾向說成是受稷下學者影響，二位主張趙國遠自三晉時期便有悠久的法家傳統，何需受稷下濡染？〔註18〕

　　諸位學者言之有理，然而董林亭與張潤澤主張荀子文化性格與趙地若合符節，接受三晉學風濡染而贊成法家，果真如此，則少年荀子長留趙國即可，何必千里迢迢遠赴東齊？其間必有荀子不得不離開的原因，此原因為何？道不同不相為謀是也。此道為何？人間世界的文化理想。

四、年十五離趙去齊

　　荀子離趙去齊，學界有兩派說法：一派主張年五十，一派主張年十五。兩者相去三十五年，對於荀子遊蹤與思想關係重大，有必要析論。根據《史記・孟子荀卿列傳》記載：「（荀子）年五十始來游學於齊。」〔註 19〕，此為最早的史料基礎。另一派主張年十五，年十五另闢蹊徑之根據有兩份史料，其一，為晁公武《郡齋讀書志》卷三上〈荀子二十卷〉：「當齊宣王、威王之時，聚天下賢士稷下，是時荀卿為秀才，年十五始來遊學。」〔註 20〕其二，為應劭《風俗通義・窮通篇》：「孫況，齊威、宣王之時，聚天下賢士於稷下，尊寵之，若鄒衍、田駢、淳于髡之屬甚眾，號曰列大夫，皆世所稱，咸作書刺世。是時，孫卿有秀才，年十五，始來游學。」〔註 21〕筆者取年十五始來遊學。如果依年五十遊齊來計算，荀子居齊時間將不過數年，然由荀子原典可見其思想深受齊國稷下學風影響，滯齊時間短，似乎無法合理解釋荀子書中豐富的齊國經驗，遑論安排離齊之後的入秦論儒、訪趙議兵與留楚任蘭陵令等重要歷程。胡元儀〔註 22〕、游國恩〔註 23〕、梁啟超〔註 24〕、錢穆〔註 25〕、

〔註18〕董林亭、張潤澤：〈荀子與趙文化〉，《邯鄲學院學報》第 15 卷第 4 期（2005年 12 月）。

〔註19〕《史記三家注》（臺北市：漢京文化，1981 年），頁 941。

〔註20〕晁公武：《郡齋讀書志》（臺北市：臺灣商務印書館，1978 年），卷三上〈荀子二十卷〉，第一冊，頁 193。

〔註21〕《風俗通義校注》（臺北市：明文出版社，1982 年），頁 322。

〔註22〕《荀子集解・考證》（臺北市：世界書局，2000 年），頁 37。

〔註23〕游國恩：〈荀卿考〉，《古史辨》（臺北市：藍燈文化，1987 年），第四冊，頁95。原民國十三年二月二十二日，《努力週報》讀書雜誌第 18 期。

〔註24〕梁啟超：〈荀卿及荀子〉，《古史辨》（臺北市：藍燈文化，1987 年），第四冊，頁 108。原民國十四年十二月，《要籍解題及其讀法》荀子之部，節錄〈荀卿之年代及行歷〉，〈荀子書之作者及其編次〉二節。

王忠林〔註26〕、佐藤將之（Masayuki Sato）〔註27〕與戴聞達（Duyvendak，J.J.L.）〔註28〕諸位學者皆取年十五，在當代研究荀子生平已漸漸成為共識。荀子離趙去齊時間筆者訂為西元前約 300 年左右，年十五，時當齊宣王末年湣王初年。

　　除了遊齊的年齡之外，學界對於荀子生平第二個爭議點為荀子是否遊燕。如果荀子果真在二十歲遊燕，則必得捨去眾所週知晚年任蘭陵令一段。如果二十歲遊燕且晚年仍為蘭陵令，則荀子高齡過百歲，但這兩項假設皆義有未安，故筆者持保留立場。另外，荀子為何在離開趙國後選擇造訪燕國，理由何在？荀子為何要離開蓄勢待發、朝氣蓬勃的趙國，燕國是否具有比祖國更適合荀子發展的政治環境或文化環境？對於少年荀子而言，如果離趙去燕只是如戰國諸多縱橫策士僅為謀求一官半職，似乎不如前去齊國一睹當代稷下鼎盛學風更能符合荀子的文化性格。但即使選擇前去齊國，荀子日後仍與趙國保持良好關係。

貳、經歷燕齊之戰──青壯時期三為齊國稷下祭酒

　　荀子的青壯年皆在齊國稷下渡過，三為祭酒是其人生的學術頂峰，但也在此時遭受燕齊之戰波及，與諸子倉皇離齊奔楚，據史料記載這是他生平第一次的實際戰爭經驗。《鹽鐵論》記載：

> 閔王奮二世之餘烈，南舉楚淮，北并巨宋，苞十二國，西摧三晉，卻強秦，五國賓從，鄒魯之君，泗上諸侯皆入臣。衿功不休，百姓不堪，諸儒諫不從，各分散。慎到、接子亡去，田駢如薛，而孫卿適楚。〔註29〕

〔註25〕 錢穆：〈荀卿考〉，《古史辨》（臺北市：藍燈文化，1987 年），第四冊，頁 115。

〔註26〕 王忠林註譯：《新譯荀子讀本》（臺北市：三民書局，1977 年），頁 5。

〔註27〕 Masayuki Sato, *Confucian State and Society of Li: A Study on Political Thought of Xun Zi*. Netherlands: University of Leyden, 2001, p.40.

〔註28〕 Duyvendak, J. J. L. "The Chronology of Hsuntzu." *T'oung Pao* 26.1～5（1929）：73～95. Duyvendak 與 James Legge，德效騫（Homer Dubs）都是海外研究荀子的漢學前輩，James Legge 最早翻譯荀子原典，Homer Dubs 最早有全譯本，Duyvendak 與《古史辯》諸子同時，曾對 Homer Dubs 提出四十頁修正意見以及詳考荀子生平。

〔註29〕 王利器校注：《鹽鐵論校注》（北京市：中華書局，1992 年），頁 149。

　　在訂定荀子生平之時，研究者必須審慎避開《史記》所載錯誤的齊國世系，此為重要關鍵之一，齊湣王在位非如《史記·六國年表》所言四十年，錢穆〔註30〕與楊寬〔註31〕根據《竹書紀年》考證齊國威、宣、湣王年代詳審，十分值得參考，應重訂為十八年。齊世繫年稍有不慎，訂定荀子年譜遊齊之部自然隨之錯謬，汪中〈荀子年表〉即是一例。〔註32〕治戰國歷史之不易，此處又添一證。

一、入齊居稷下學宮

　　荀子離開趙國前往齊國稷下，稷下當時學風鼎盛，諸子百家自各地雲集，由兩地風氣差異，可以推測荀子為何離開趙國。《史記·孟子荀卿列傳》史料如前所述容或有誤，但對於荀子生平與齊國學術提供諸多線索，全篇仍然值得逐句推敲。《史記》記載荀子遊歷居齊的活動佔去最大篇幅：

> 年五十始來游學於齊。騶衍之術迂大而閎辯，奭也文具難施，淳于髡久與處，時有得善言，故齊人頌曰：「談天衍，雕龍奭，炙轂過髡。」田駢之屬皆已死齊襄王時，而荀卿最為老師，齊尚脩列大夫之缺，而荀卿三為祭酒焉。〔註33〕

《史記·孟子荀卿列傳》雖然以孟子、荀子為標題，但內容幾乎是一篇以齊國為主的戰國學術史，以孟子開始，墨子為終，其間提到騶忌、騶衍、淳于髡、慎到、田駢、接子、騶奭、荀卿、公孫龍、劇孟、劇辛、李悝、尸子、長盧、吁子諸人。司馬遷撰述〈孟子荀卿列傳〉的原始動機究竟為何？在司馬遷的年代，孟子與荀子是可以並列，〈太史公自序〉曰：

> 獵儒墨之遺文，明禮義之統紀，絕惠王利端，列往世興衰，作〈孟子荀卿列傳第十四〉。〔註34〕

胡適考證〈孟子荀卿列傳〉荀子部份的意見頗可參考，有助於瞭解司馬遷此段文字：

〔註30〕　錢穆：〈一二八齊湣王在位十八年非四十年其元年為周赧王十五年非周顯王四十六年辨〉，《先秦諸子繫年下》（香港大學，1956年），頁395。
〔註31〕　楊寬：〈附錄〉，《戰國史》（臺北市：臺灣商務印書館，2005年），頁729。
〔註32〕　《荀子集解·考證》（臺北市：世界書局，2000年），頁28～29。
〔註33〕　《史記三家注》（臺北市：漢京文化事業有限公司，1981年），頁941。
〔註34〕　〈太史公自序〉第七十，《史記三家注》（臺北市：漢京文化事業有限公司，1981年），頁1358。

這段文字有兩個易於誤人之處。（一）荀卿「來遊學於齊」以下，忽然夾入騶衍、騶奭、淳于髡三個人的事實，以致劉向誤會了，以為荀卿五十歲遊齊，正在稷下諸先生正盛之時。（劉向序上稱「方齊宣王時荀卿年五十始來遊學」）不知這一段不相干的事實，乃是上文論「齊有三騶子」一節的錯簡。本文當作「騶衍田駢之屬……」那些荒謬的古文家，不知道這一篇〈孟子荀卿列傳〉最多後人添插的材料，（如末段記墨翟的二十四個字文理不通，或是後人加入的）……
〔註35〕

胡適在解讀時，以為敘述荀子的段落夾入騶衍、騶奭、淳于髡是前段錯簡，筆者贊成胡適此一看法，唯有如此才能通讀〈孟荀列傳〉全文。

孔、孟、荀三人經歷皆與齊國淵源匪淺。孔子參與齊景公與魯定公夾谷〔註36〕會盟，為魯國收回郓〔註37〕、汶陽〔註38〕與龜陰〔註39〕三地。〔註40〕至於孟子，姑且不論他是否為稷下諸子之一〔註41〕，在齊威王、宣王時滯留三十餘年則是事實。荀子離開趙國來到齊國，其中必有趙國所無法提供的環境。齊國在當時是東方強國，首都臨淄是個繁榮富庶的國際城市。士林重鎮稷下學宮自齊桓公開始歷經四世而成，學風自由開放，諸子自各地雲集，如果說先秦學術的特色是百家爭鳴，那麼稷下學宮則是百家爭鳴的發源地。

〔註35〕胡適：《中國古代哲學史》（臺北市：臺灣商務印書館，1982 年），頁 24。

〔註36〕在今江蘇贛榆縣西五十里。參見臧勵龢等編：《中國古今地名大辭典》（臺北市：臺灣商務印書館，1975 年），頁 376。

〔註37〕在山東沂水縣北。參見臧勵龢等編：《中國古今地名大辭典》（臺北市：臺灣商務印書館，1975 年），頁 952。

〔註38〕在山東寧陽縣東北五十四里。參見臧勵龢等編：《中國古今地名大辭典》（臺北市：臺灣商務印書館，1975 年），頁 396。

〔註39〕在山東新泰縣西南四十里。參見臧勵龢等編：《中國古今地名大辭典》（臺北市：臺灣商務印書館，1975 年），頁 1274。

〔註40〕〈孔子世家〉第十七，《史記三家注》（臺北市：漢京文化事業有限公司，1981 年），頁 764。

〔註41〕張岱年：〈稷下學宮的歷史意義〉，《管子學刊・稷下學研究》第 1 期（1994 年），頁 24。
錢穆：《先秦諸子繫年》七十六條〈孟子不列稷下考〉（香港大學，1956 年），頁 235～237。
錢穆以為孟子所惡為「處士橫議」，這點是孟子不列稷下值得再三思考的理由。

> 十八年⋯⋯宣王喜文學游說之士，自如騶衍、淳于髡、田駢、接予、
> 慎到、環淵之徒七十六人，皆賜列第爲上大夫，不治而議論，是以
> 齊稷下學士復盛，且數百千人。〔註42〕

稷下之興盛是因爲當時齊國的社會、經濟、政治以及學術思想諸項條件皆臻
於成熟。稷下學風興盛有益於治乎？驗諸史實，學宮與齊國的興盛同消長。
在先秦文化中，秦國的軍國主義與齊國的自由開放學風正好形成對比，而鄒
魯文化的謹嚴與齊文化的多元也互相輝映〔註43〕。豐富多元的開放學風應是
吸引孟、荀先後入齊的文化學術因素。林麗娥在《先秦齊學考》書中詳考稷
下學宮來龍去脈，她以爲荀子是齊學的代表人物。〔註44〕

　　佐藤將之以爲荀子在齊國見識了戰國時期蓬勃發展的學術界，但可能因
爲年紀尚輕，所以罕見與孟子、宋鈃、淳于髡或莊子、惠施這類當代哲人的
互動對話，〔註45〕驗諸荀子生平記錄，誠不誣也，是以此點見解值得採納。
置身齊國稷下讓荀子充份掌握戰國學術流派，這點是吾人在詮釋荀子思想時
必須念茲在茲的經歷。例如，因熟諳戰國學術流派，才能寫出〈非十二子〉
此類中肯品評諸子的文字。在解讀〈非十二子篇〉，我們不應該先讀「非」，
而應該先看見「十二子」，孟子之時齊國尚未有十二子的問題，而且十二子應
只是其中犖犖大者，是經過荀子整理之後的脈絡，此時相同性質的名作尚有
莊子的〈天下篇〉，莊子雖然僻居南楚，但是由〈天下篇〉可見他對於當時的
學界觀察十分透澈，只是兩人觀點不同，荀子是置身人間的角度，莊子是俯
瞰人間的角度。其後司馬談的〈論六家要旨〉以及《漢書》〈藝文志〉，都是
希望對於春秋戰國時代這一段豐富的學術史作一整理。〈非十二子篇〉傳誦後
世，至今學界常以荀子不解或誤解孟子，但由荀子的稷下經歷推測，他應是
嫻熟孟子思想，然何以非之，箇中曲折，值得再三推敲。前代之莊子有〈天

〔註42〕　〈田敬仲完世家〉第十六，《史記三家注》（臺北市：漢京文化事業有限公司，
　　　　　1981年），頁754～755。
〔註43〕　白奚：〈稷下學宮歷史經驗的啓示與思考〉，《管子學刊・稷下學研究》第3期
　　　　　（1994年），頁34～38。
　　　　　蔡德貴：〈稷下學宮興衰原因論〉，《遼寧師範大學學報》第4期（1999年），
　　　　　頁57～62。
〔註44〕　林麗娥：〈第四章先秦齊國學者考〉，《先秦齊學考》（臺北市：臺灣商務印書
　　　　　館，1992年），頁213。
〔註45〕　Masayuki Sato, *Confucian State and Society of Li: A Study on Political Thought of
　　　　　Xun Zi*. Netherlands: University of Leyden, 2001. pp37～38.

下篇），漢初司馬談有〈論六家要旨〉，可見荀子前後的思想家皆希望在百家爭鳴之中，整理學術脈絡。

二、遭逢燕齊之戰

西元前 285 年諸侯合謀而伐齊，一場燕齊爭戰讓荀子等稷下諸子四處分散，這是史載荀子第一次實際遭遇的戰爭經驗。回顧齊燕兩國歷史，除了春秋時代齊桓公救燕曾有短暫友好外交關係，燕齊兩國於邊境屢啓戰端，例如燕噲王時因聽信蘇代建言，將王位禪讓給宰相子之，希望恢復古制是一番美意，不過卻導致燕國內亂。燕噲王死後，燕昭王即位自忖燕國幅員狹小，地處偏遠，無力抗齊，於是卑身厚幣廣招天下賢達，一時之間樂毅、鄒衍、劇辛等人紛紛從各國來集。此時齊湣王正擁兵自重如前文所言：「南舉楚、淮，北并巨宋，苞十二國，西摧三晉，卻強秦，五國賓從，鄒、魯之君，泗上諸侯皆入臣。矜功不休，百姓不堪」[註46]聲勢日隆，與秦昭王各自爭取帝號。

> 燕王弔死問孤，與百姓同甘苦。二十八年，燕國殷富，士卒樂軼輕戰，於是遂以樂毅爲上將軍，與秦、楚、三晉合謀以伐齊，齊兵敗，湣王出亡於外。燕兵獨追北，入至臨淄，盡取齊寶，燒其宮室宗廟，齊城之不下者唯莒、即墨，其餘皆屬燕。[註47]

經過長達三十年的生聚教訓，燕昭王聯合秦、楚、韓、趙、魏共同伐齊，齊湣王倉皇出逃，燕軍長驅直入，樂毅囊括齊國臨淄城中珍寶，五年之內攻下齊國七十餘座城池。可惜繼位的燕惠王沒有保留戰果，與將軍樂毅有閒，陣前中了齊國的反間計以騎劫代之，導致田單有機會以莒和即墨雙城復國。

如果將《史記》配合《鹽鐵論》當中〈論儒第十一篇〉所載可以看出稷下學宮繁榮興盛的景象，以及荀子諸子因戰爭離齊適楚其間曲折：

> 齊戚、宣之時，顯賢進士，國家富強，威行敵國。及湣王，奮二世之餘烈，南舉楚、淮，北并巨宋，苞十二國，西摧三晉，卻強秦，五國賓從，鄒、魯之君，泗上諸侯皆入臣。矜功不休，百姓不堪，諸儒諫不從，各分散。慎到、捷子亡去，田駢如薛，而孫卿適楚。[註48]

〔註46〕 事亦見〈樂毅列傳〉，《史記三家注》（臺北市：漢京文化事業有限公司，1981年），頁 980。

〔註47〕 〈燕召公世家〉卷三十四，《史記三家注》（臺北市：漢京文化事業有限公司，1981 年），頁 613。

〔註48〕 王利器校注：《鹽鐵論校注》（北京市：中華書局，1992 年），頁 149～150。

〈論儒〉之中，尊孔的文學派與反儒的御史兩造旨在爭議儒者之見是否有益於治國，反對儒者的御史派以為齊宣王之時褒揚儒學，然而在弱燕攻齊卻於事無補，齊湣王依然為聯軍所敗；贊成儒者的文學派則反駁，以為齊湣王與齊王建正是因為不尊崇稷下學者才開啟齊國禍亂之由。除此爭論外，據此段落尚可窺見齊國歷代君王對於儒者的消長態度，因為有尊重學術的齊宣王主政帶動整個稷下學風，才促使荀子繼著孟子的足跡〔註49〕踏上齊土。

三、為稷下學宮祭酒

　　戰後回到齊國的荀子再度擔任祭酒。荀子十又五歲即志於學，離鄉背井來到當代的國際大都會臨淄，居稷下學宮數十年，在齊國三為祭酒是他學術生涯的頂峰，但祭酒究竟屬於何種性質？可能是官名，年長者，學界領袖，稷下學宮之長，然非終身職。司馬貞在《史記索隱》注釋〈孟子荀卿列傳〉三為祭酒時言：

> 禮食必先祭，飲酒亦然，必以席中之尊者一人當祭耳，後因以為官名，故吳王濞為劉氏祭酒是也。而卿三為祭酒者，謂荀卿出入前後三度處列大夫康莊之位，而皆為其所尊，故云「三為祭酒也」。

〔註50〕

司馬貞認為，祭酒原來是飲酒禮當中邀請席中尊長主祭，後來演變為官名。祭酒除了是官名之外，王廷洽由射禮與鄉飲酒禮來推論：

> 《禮記》〈射義〉云：「古者諸侯之射也，必先行燕禮。卿大夫之射也，必先行鄉飲酒之禮。故燕禮者，所以明君臣之義也。鄉飲酒之禮者，所以明長幼之序也。」射是當時學校教育的一項重要內容，既練習射藝，又舉行射禮來選拔人才。而飲酒之禮對於教育具有很重要的作用。當時稷下學宮的學者仍然實行「食必先祭」的禮儀，所以，稷下學宮的各種事物中除了教學以外，主持祭酒禮儀也是主事者的重要事務，于是就把稷下學宮的主事者稱為「祭酒」。而稷下學宮的主事者往往由公認的尊長者擔任。綜上所述，祭酒含有三層

〔註49〕　孟子也曾經嘗試到齊國一展身手，孟子與齊宣王、淳于髡的對談，以及居齊的言行散見《孟子》全書。

〔註50〕　〈孟子荀卿列傳〉第十四，《史記三家注》（臺北市：漢京文化事業有限公司，1981年），頁941。

意思：年長者，即最爲老師；受尊敬的學者，猶今言學術領袖；稷
下學宮的主事者，大約相當於校長。〔註51〕

王廷洽以爲祭酒含有三層意思：第一、年長者；第二、受尊敬的學者，猶今
言學術領袖；第三、稷下學宮的主事者，大約相當於校長。說荀子是年長者、
士林領袖或學宮校長，大約都符合齊國當時學術界的實況。佐藤將之則進一
步揣測，他在解釋祭酒時也援引鄉飲酒禮，祭酒是鄉飲酒禮當中的一員，指
鄉里中的長者以酒祭地，後來泛指值得尊敬的長者。到了漢朝有所謂的博士
祭酒，博士的任務是解經，資深博士即稱爲博士祭酒。由司馬遷所說荀子三
爲祭酒可以推測祭酒非終身職，須奉命主持某些特定典禮，而且可能專爲長
者設置。荀子之所以三爲祭酒可能因爲其間數度離齊，返國之後重新任命之
故，〔註52〕佐藤將之的推測援引經典爲證，並佐以相關制度，頗可參考。

四、去齊之因

荀子離開齊國，除了因爲燕齊大戰之外短暫居楚，也包括應聘入秦與訪
趙。齊國在當時是個國際大都會，在齊國學界受到肯定也就等於受國際肯定，
此時受邀入秦趙是可以理解。荀子本人或許也不願長年在齊國當個議而不治
的處士，他希望去實際走訪戰國全局，故拜訪秦趙。

荀子最後離開居留數十年的齊國，可推出是政治因素與學術因素所致。
《史記・孟子荀卿列傳》文末曰：

齊人或讒荀卿，荀卿乃適楚。……荀卿嫉濁世之政，亡國亂君相屬，

不遂大道，而營於巫祝信機祥，鄙儒小拘，如莊周等，又滑稽亂俗，

於是推儒墨道德之行事興壞，序列著數萬言而卒，因葬蘭陵。〔註53〕

由《史記》上下文意推測荀子在諸子凋零之後，於齊襄王時繼起爲當時學界
領袖，三爲祭酒，學術生涯達於顛峰，如果真的在戰前訪秦、趙，荀子返齊
長平戰後勢必聲望日隆，齊人見狀因嫉妒而生誹謗促使他離開齊國，此其一
也；另外由「亡國亂君相屬，不遂大道，而營於巫祝、信機祥」推測稷下變
調的學風是他決定離開齊國的原因之二。

〔註51〕 王廷洽：《荀子答客問》（上海人民出版社，1997 年），頁 16。

〔註52〕 Masayuki Sato, *Confucian State and Society of Li: A Study on Political Thought of Xun Zi.* Netherlands: University of Leyden, 2001. pp.36～37.

〔註53〕 〈孟子荀卿列傳〉第十四，《史記三家注》（臺北市：漢京文化事業有限公司，1981 年），頁 941。

五、品評齊國君臣將相

　　荀子久居齊國，從原典可見他親身經歷這場戰爭，對於燕齊君臣將相有近距離的觀察，與他的名學概念兩相結合，從中創出一套摹仿《春秋》的褒貶筆法，與司馬遷的人物評論可互相參照。〔註54〕但與司馬遷不同之處在於，他評論人事是以先王周孔理想來衡量同代的齊國君臣上下，幾乎貶多而褒少。他對春秋時代管仲輔佐齊桓公尊王攘夷三致意焉，然而對於齊湣王以下的君臣將相則多所評議。

（一）齊湣王

　　筆者以為荀子當在宣王末、湣王初主政時期訪齊，時間較為恰當。若將荀子生卒年往前移，以為荀子在威王晚年時來齊，準此則必須捨去晚年任蘭陵令一段。如果晚到齊王建始來齊，則居齊時間太短，齊國無法對荀子思想有何浸潤濡染之功，檢閱荀子原典，文中罕及威、宣二王的論述，卻出現對於湣王的批評，可見如此設定不遠矣。

　　荀子於〈王制篇〉認為身為王者應該以仁、以義、以威眇天下，與霸者、彊者作為不同。「閔王毀於五國，桓公劫於魯莊，無它故焉，非其道而慮之以王也。」〔註55〕荀子行文慣常以明晰的概念為褒貶對象分類，齊湣王與齊桓公在荀子眼中顯然都被劃入霸者、彊者之流。

　　在〈王霸篇〉談君主治國的原則是「得道以持之，則大安也，大榮也，積美之源也；不得道以持之，則大危也，大累也，有之不如無之。」齊湣王在此處被荀子批評為「及其極也，索為匹夫而不可得也，齊湣、宋獻是也。」〔註56〕被當作歷史的錯誤示範。

　　在〈王霸篇〉第二段將用國分為「義」、「信」、「權」三種不同等級，以義立是王道、以信立是霸道、以權謀立是自取滅亡之道。燕齊之戰讓荀子倉皇出走，此一戰爭經驗讓他反省：「內則不憚詐其民，而求小利焉；外則不憚詐其與，而求大利焉」，齊國無論對內對外皆是唯利是圖，彼時齊湣王以孟嘗

〔註54〕中國人歷史意識深厚，從《荀子》原典可見。在超越的上天與人間的歷史，荀子選取人間世界的歷史，他以為仲裁者不在天上，而在人間歷史，例如，對於齊國君臣之寓褒貶、別善惡，從中篩選出歷史典範，是為一例。罕言形上超越的天道，卻對史上的先王典範寄以無限的孺慕之情，我們對荀子的先王應該如是看，才能透徹的理解，此為另外一例。

〔註55〕〈王制篇〉，《荀子集解·考證》（臺北市：世界書局，2000年），頁137。

〔註56〕〈王霸篇〉，《荀子集解·考證》（臺北市：世界書局，2000年），頁181。

君爲相，荀子指出這對君臣貌合神離：「上詐其下，下詐其上，則是上下析也」。〔註57〕原本爲東方強國，可惜不修禮義、不本政教，以擴張勢力範圍，侵擾鄰國爲務，故爲天下所共惡，不亦宜乎。

（二）孟嘗君

〈王霸篇〉言，爲君者可王、可霸、可強，荀子在〈臣道篇〉中將爲臣者分成態臣、篡臣、功臣、聖臣四種等級來討論，由〈王霸篇〉可見荀子對於孟嘗君輔佐齊湣王的方式並不認同。〔註58〕孟嘗君屬於「上不忠乎君，下善取譽乎民，不卹公道通義，朋黨比周，以環主圖私爲務」之篡臣，人君用「篡臣用則必危。」〔註59〕荀子爲何貶抑孟嘗君？「齊湣王滅宋，益驕，欲去孟嘗君，孟嘗君恐，乃如魏，魏昭王以爲相，西合於秦趙，與燕共伐破齊，……」〔註60〕孟嘗君在戰前便因功高震主，使齊湣王欲除之而後快，是以孟嘗君在大敵當前，不只未輔佐湣王捍衛祖國，且陣前倒戈協助聯軍攻齊，由《史記》所載可以理解荀子何以不滿孟嘗君。《史記》孟嘗君本傳記載司馬遷曾經走訪薛地：「吾嘗過薛，其俗閭里率多暴桀子弟，與鄒魯殊，問其故曰：孟嘗君招致天下任俠姦人入薛中蓋六萬餘家矣，世之傳孟嘗君好客自喜，名不虛矣！」〔註61〕孟嘗君留給後世子孫除了養士好客的聲名之外，尚有與鄒魯文風相異的暴戾民情，荀子之論或有可採之處。

在戰國四公子當中，荀子對於孟嘗君的品評不如平原君以及信陵君：「平原君之於趙可謂輔矣，信陵君之於魏可謂拂矣。傳曰：從道不從君此之謂也。」〔註62〕文中談平原君之「輔」與信陵君之「拂」所指爲何？

> 有能比知合力，率群臣百吏而相與彊君撟君，君雖不安，不能不聽。遂以解國之大患，除國之大害，成於尊君安國，謂之輔。有能抗君之命、竊君之重，反君之事，以安國之危，除君之辱，功伐足以成國之大利，謂之拂。〔註63〕

〔註57〕〈王霸篇〉，《荀子集解・考證》（臺北市：世界書局，2000年），頁184～185。
〔註58〕〈臣道篇〉，《荀子集解・考證》（臺北市：世界書局，2000年），頁227～229。
〔註59〕〈臣道篇〉，《荀子集解・考證》（臺北市：世界書局，2000年），頁228。
〔註60〕〈孟嘗君列傳〉第十五，《史記三家注》（臺北市：漢京文化事業有限公司，1981年），頁947。
〔註61〕《史記三家注》（臺北市：漢京文化事業有限公司，1981年），頁949。
〔註62〕〈臣道篇〉，《荀子集解・考證》（臺北市：世界書局，2000年），頁230。
〔註63〕〈臣道篇〉，《荀子集解・考證》（臺北市：世界書局，2000年），頁229～230。

西元前 257 年魏安釐王二十年，秦昭王擊破長平守軍，繼續圍攻趙國邯鄲。魏公子之姐爲趙國平原君夫人，數度修書向魏國求援。魏安釐王派晉鄙駐鄴，原本心存觀望，魏公子私自與侯嬴等賓客合謀偷出兵符，擊殺晉鄙並以精兵八萬力退秦軍，但事後也因顧慮安釐王憤恨難消，是以留趙十年。荀子曰：「抗君之命、竊君之重、反君之事，以安國之危、除君之辱，功伐足以成國之大利。」寥寥數語把信陵君的事蹟言簡意賅、層層托出。「拂」字表面看來是違反君王旨意，但從大局看來卻有功於國家，荀子借「拂」字對於信陵君義舉大加揄揚。荀子在戰國時代爲君臣關係下一注腳：「從道不從君。」「爭然後善，戾然後功。出死無私，致忠而公，夫是之謂通忠之順，信陵君似之矣。」〔註 64〕除了「拂」魏之外，荀子還以「通忠之順」褒揚信陵君。魏安釐王二十年已經是戰國末年，在秦將統一六國前夕，魏公子跨越各國的觀望心態，展現獨自抗秦的實力，無怪盱衡戰國時代的君王將相，荀子獨頌揚一信陵君。

（三）田單

齊國之所以能戰勝燕國聯軍，田單是其中的關鍵人物。火牛陣、毋忘在莒、雙城復國皆爲後世津津樂道以少勝多的典範。司馬遷在本傳評田單〔註 65〕，言語之間頗爲讚賞田單用兵擅於奇正相生。然而〈議兵篇〉可見荀子對於田單不同的評語：「兼併易能也，唯堅凝之難焉。……燕能并齊，而不能凝也，故田單奪之。」〔註 66〕燕國諸國聯軍乃利益掛帥並非王者之師，彼此貌合神離，缺乏發自內心的凝結聚合，是故田單能運用人性弱點以心理戰收復齊國失土。荀子對於以莒、即墨二城反攻復國的田單以爲只是「盜兵」，君子何需盜？用兵之道本在於和齊民心，如湯武之誅桀紂，拱挹指麾即可。田單比起各國將相已屬力挽狂瀾的人中豪傑，荀子之所以認爲田單的表現也只不過是代翕代張、代存代亡，是因爲將田單復國與湯武之誅桀紂兩相比較。〔註 67〕荀子無視於戰國各式各樣的兼併與反攻，並未在意混亂戰國中的短暫得失，胸中所繫唯三代文化中上下一心的仁義之師、王者之兵。

〔註 64〕　〈臣道篇〉，《荀子集解‧考證》（臺北市：世界書局，2000 年），頁 236。
〔註 65〕　〈田單列傳〉第二十二，《史記三家注》（臺北市：漢京文化事業有限公司，1981 年），頁 992。
〔註 66〕　〈議兵篇〉，《荀子集解‧考證》（臺北市：世界書局，2000 年），頁 267。
〔註 67〕　〈議兵篇〉，《荀子集解‧考證》（臺北市：世界書局，2000 年），頁 253～255。

（四）君王后與齊王建

荀子居齊甚久，在〈彊國篇〉當中有一段說齊相，如果根據「女主亂之宮」、「一國作謀，三國必起」內容判斷應是齊王建之時，由此可以推測荀子在齊國一直滯留至齊王建時期：

> ……相國舍是而不爲，案直爲世俗之所以爲，則女主亂之宮，詐臣亂之朝，貪吏亂之官，眾庶百行皆以貪利爭奪爲俗，曷若是而可以持國乎！今巨楚縣吾前，大燕鰌吾後，勁魏鉤吾右，西壤之不絕若繩，楚人則乃有襄、賁、開陽以臨吾左，是一國作謀，則三國必起而乘我。如是，則齊必斷而爲四，國若假城然耳！必爲天下大笑，兩者孰足爲也。〔註68〕

這一段在齊相面前分析齊國內政外交方面的利弊得失，與齊湣王時代差別不大，國中上下仍好貪利爭奪，如果與戰國時勢合併看來是一番持平之論，只不過對於荀子口中的「女主亂之宮」，可以借《史記》記載稍作補充說明。

戰國時代逐鹿中原多是男性天下，文獻記載罕見女性，趙太后與齊君王后是其中少數的兩位女性，荀子所言若不是趙太后，便是君王后。敘述君王后之事蹟必須回到燕齊之戰，齊湣王爲楚國淖齒殺害後，齊太子法章隱姓埋名於莒城太史家爲傭，太史之女見此傭僕相貌堂堂，未有媒妁之言即心意相許，太史以其女不循禮法、有辱先祖故終身不見，然其女事父亦終身不違如初。法章即後來之齊襄王，在混戰中於莒城即位，五年後田單在即墨擊燕反敗爲勝，齊襄王立太史之女爲君王后，生太子建。荀子口中的「女主亂之宮」，司馬遷在〈田仲敬完世家〉對這位君王后無論人品與政事皆多所肯定：「始君王后賢，事秦謹，與諸侯信。齊亦東邊海上，秦日夜攻三晉，燕楚五國各自救於秦，以故王建立四十餘年不受兵。」〔註69〕除了《史記》記載之外，《戰國策》〈卷十三‧齊‧六〉也有相關敘述：「秦昭王嘗使使者遺君王后玉連杯，曰：『齊多知，而解此杯不？』君王后以示群臣，群臣不知解。君王后引椎破之，謝秦使曰：『謹以解矣。』」〔註70〕由

〔註68〕〈彊國篇〉，《荀子集解‧考證》（臺北市：世界書局，2000年），頁274～275。

〔註69〕〈田仲敬完世家〉第十六，《史記三家注》（臺北市：漢京文化事業有限公司，1981年），頁757。

〔註70〕西漢‧劉向集錄，范祥雍箋證，范邦謹協校：《戰國策箋證》（上海古籍出版社，2006年），頁739，註十：「鮑彪改『始皇』爲『昭王』，云：『后辛於莊襄王之元，不逮始皇也。』」

此文字可體會當年君王后在群敵環伺之下主持朝政的艱難，不時要委婉而堅定的處理來自鄰國的挑釁，實屬不易。「及君王后病且卒，誡建曰：『群臣之可用者某。』建曰：『請書之。』君王后曰：『善。』取筆牘受言。君王后曰：『老婦已忘矣！』君王后死，後后勝相齊，多受秦間金玉，使賓客入秦，皆為變辭，勸王朝秦，不修攻戰之略。」〔註71〕回顧齊國歷史，君王后以一介女流一生護衛齊國，在戰國末年有近半世紀的承平歲月，比之威、宣先王或許不足，然而相較於戰國同時代各國昏君，則有過之而無不及。如果要譴責君王后最大的過失，或許是未曾輔佐齊王建在東方積極扮演制衡秦國的角色，例如牽動各國的長平之戰，齊國便無顧策士以唇亡齒寒為喻，拒絕趙國請糧，以免與秦國對立，結果間接助成這場戰國時期的最大戰役。前文說明荀子品評人事是以先王周孔理想來衡量同代的齊國君臣，自然是貶多而褒少。對於齊湣王以下的君臣將相多所非議，田單是一例，君王后又是一例。理解荀子的品評人物背後的標準，較能平心看待他的品評結果。

（五）齊桓公與管仲

　　荀子原典不只大量論及齊國當代的君臣將相，也回顧史上的齊桓公與管仲：這兩位是歷代儒者時常品評的人物。〈仲尼篇〉可能不是荀子手著，但立場仍延續孔子的傳統，褒貶之時乃明於王霸之辨。桓公知管仲之明，盡棄前嫌，立為仲父，國中貴族莫敢妒，朝中大臣莫敢惡，富人莫敢距，雖不能王，其霸也宜。〔註72〕

　　在〈議兵篇〉中也論及桓公：

　　　　故齊之技擊，不可以遇魏氏之武卒，魏之武卒，不可以遇秦之銳士，

　　　　秦之銳士，不可以當桓文之節制，桓文之節制不可以敵湯武之仁義，

　　　　有遇之者，若以焦熬投石焉。〔註73〕

以武力而言，桓文節制自然比不上湯武仁義之師，然勝戰國之秦、魏、齊多矣。「齊之管仲，晉之咎犯，楚之孫叔敖可謂功臣矣。」〔註74〕雖然不贊成齊桓公挾天子以令諸侯的舉動，但是對於孔子三致意焉的管仲，荀子同樣認為

〔註71〕　《戰國策箋證》（上海古籍出版社，2006年），頁738～739。
〔註72〕　〈仲尼篇〉，《荀子集解・考證》（臺北市：世界書局，2000年），頁91。
〔註73〕　〈議兵篇〉，《荀子集解・考證》（臺北市：世界書局，2000年），頁252～253。
〔註74〕　〈臣道篇〉，《荀子集解・考證》（臺北市：世界書局，2000年），頁229。

是有功之臣。功臣所指為何？「功臣用則必榮。」〔註 75〕〈王霸篇〉中幾乎將齊桓公霸業歸功於管仲：

> 故能當一人而天下取，失當一人而社稷危。……故湯用伊尹，文王用呂尚，武王用召公，成王用周公旦。卑者五伯，齊桓公……九合諸侯，一匡天下，為五伯長，是亦無他故焉，知一政於管仲也，是君人者之要守也。〔註 76〕

甚至引孔子之說來讚美管仲，與後世儒者的觀點不盡相同。在荀子原典中對於曾經滯留的趙國、秦國、楚國等國君臣著墨無多，但由本段人物褒貶可見他對齊國君臣瞭若指掌、求深責切，可視為長年居齊觀察的佐證，對於人物評價往往與司馬遷略有不同，同代的齊湣王、孟嘗君、田單、君王后皆在貶抑之列，對於齊桓公則褒貶互見，管仲則是荀子心目中人臣的最佳首選，對於諸人品評的標準是基於先王周孔文化的堅持。

參、長平戰前遊秦趙——中年之周遊列國

　　荀子在訪秦、趙之後隨即發生長平大戰，這是歷史事實；但荀子的拜訪與戰事發生的先後順序可以如何進行歷史解釋？如果荀子與子貢相同熟悉國際局勢〔註 77〕，所以能夠預知風雨欲來，那麼此一戰役勢必衝擊荀門師生。

　　如果荀子留齊至齊王建時期，秦、趙之行可能在居齊期間應聘前往。入秦見秦昭王與入趙見趙孝成王皆不見於《史記》記載，司馬遷可能因為停留時間短暫而略過，但可援引《荀子》〈儒效篇〉、〈議兵篇〉、〈彊國篇〉補入。三篇文中皆稱荀子為孫卿子，或許為弟子事後追記，並非荀子親筆原著，但仍可視為荀子事蹟之實錄。〈儒效篇〉入秦見秦昭王全篇未提及長平之戰，是以推斷此行可能在長平戰前，文中記錄荀子乃受應侯范雎之請，時間可能在秦昭王四十一年西元前 266 年之後〔註 78〕，荀子時年五十左右。趙孝成王在

〔註75〕〈臣道篇〉，《荀子集解・考證》（臺北市：世界書局，2000 年），頁 228。

〔註76〕〈王霸篇〉，《荀子集解・考證》（臺北市：世界書局，2000 年），頁 200～201。

〔註77〕〈仲尼弟子列傳〉第七，《史記三家注》（臺北市：漢京文化事業有限公司，1981 年），頁 880～882。

〔註78〕〈范雎蔡澤列傳〉第十九，《史記三家注》（臺北市：漢京文化事業有限公司，1981 年），頁 973。

西元前 265 年登基，荀子訪趙應在此年之後。〈議兵篇〉荀子與趙孝成王、臨武君的對話未提及長平之戰，所以會談可能是在長平戰前，但依文章後段言及：「韓之上地，方數百里，完全富足而趨趙，趙不能凝也，故秦奪之。」〔註 79〕來判斷完稿時間應在戰後。〔註 80〕

一、長平戰前入秦詳加觀察

先宏觀回顧荀子入秦之前的局勢。春秋時代，秦穆公得百里奚及蹇叔而國勢日強。秦孝公時，諸侯陷入混戰，秦國處西鄙不與諸侯會盟，諸侯視秦如夷敵。秦孝公用商鞅變法圖強。秦惠王繼位，殺商鞅任張儀為相。秦昭王時孟嘗君來任秦相，楚懷王朝會秦王，秦拘不使歸。

荀子在昭王時應聘至秦，〈儒效〉、〈議兵〉、〈彊國〉三篇皆有相關記載。〈儒效篇〉載秦昭王問荀子：「儒者無益於人之國？」〔註 81〕〈彊國篇〉應侯問荀子：「入秦何所見？」〔註 82〕由此兩段對話可知荀子確曾入秦地，范雎相秦在秦昭王四十一年，荀子入秦最早應在此年以後。〈議兵篇〉錄荀子事後對秦國軍事武力的評論。〔註 83〕荀子欲振興周孔禮樂文化，秦國思實行嚴刑峻法，兩者立場可謂扞格不入，何以會有這場出訪？彼時秦相應侯即范雎，范雎是個典型的戰國縱橫說客〔註 84〕，荀子對人物品鑑標準極高，由原典中對於齊國君臣褒貶嚴格可見一斑，理應不與之對談。但秦國在當時為西方霸主，荀子長期居留繁榮興盛的東齊，如果不想只當個稷下議論之士，希望全盤瞭解戰國實際局勢，弘揚周孔禮樂理想，荀子可能有興趣深入西鄙，實地觀察新興強秦，閱〈儒效篇〉與〈彊國篇〉前後文層次細膩的觀察可以佐證荀子訪秦是有備而往。

荀子曾在〈富國篇〉提及觀察一個國家的步驟以及由亂而治的種種等級。首先在邊界即可看出一國治亂端倪「觀國之治亂臧否，至於疆易而端已見

〔註 79〕〈議兵篇〉，《荀子集解‧考證》（臺北市：世界書局，2000 年），頁 267。
〔註 80〕荀子原典未記載長平戰事，筆者不排除有可能被秦人手民刪去。由〈議兵篇〉頗能看出荀門對於人間世界的關注，本文未及處理，可參考黃師湘陽：〈《荀子》軍事思想〉，《輔仁國文學報》第 17 期（2001 年 11 月）。
〔註 81〕〈儒效篇〉，《荀子集解‧考證》（臺北市：世界書局，2000 年），頁 101。
〔註 82〕〈彊國篇〉，《荀子集解‧考證》（臺北市：世界書局，2000 年），頁 280。
〔註 83〕〈議兵篇〉，《荀子集解‧考證》（臺北市：世界書局，2000 年），頁 252～254。
〔註 84〕〈范雎蔡澤列傳〉第十九，《史記三家注》（臺北市：漢京文化事業有限公司，1981 年），頁 968～975。

矣」，〔註85〕荀子周遊各國之後綜合聞見歸納出一套結論，各國君主可區分等第爲：貪主、暗主、明主；各地國家可分層級爲：亂國、辱國、治國與榮國，判別優劣一目瞭然。此一結論心得由〈彊國篇〉入秦可作爲示範：

> 應侯問孫卿子曰：入秦何見？孫卿子曰：其固塞險，形勢便，山林川谷美，天材之利多，是形勝也。入境觀其風俗，其百姓樸，其聲樂不流汙，其服不挑，甚畏有司而順，古之民也。及都邑官府，其百姓肅然，莫不恭儉敦敬忠信而不楛，古之吏也。入其國，觀其士大夫，出於其門，入於公門，出於公門，歸於其家，無有私事也，不比周，不朋黨，倜然莫不明通而公也，古之士大夫也。觀其朝廷，其間聽決百事不留，恬然如無治者。古之朝也。故四世有勝，非幸也，數也，是所見也。故曰：佚而治，約而詳，不煩而功，治之至也，秦類之矣。雖然，則有其諰矣。兼是數具者而盡有之，然而縣之以王者之功名，則倜倜然不及遠矣！是何也？則其殆無儒邪？故曰：粹而王，駁而霸，無一焉而亡。此亦秦之所短也。〔註86〕

荀子對於崛起於西方的新興秦國，有來自現場詳實的觀察報導，自邊塞知其有形勝、入國境看民俗爲古之民、進朝廷看官吏爲古之吏，入其國觀其士大夫爲古之士大夫，以一位旁觀之客的角度禮貌性的讚美「故四世有勝，非幸也。」但是末尾不忘順勢指出秦地所缺爲儒者，他看出秦國雖然挾其雷霆萬鈞之勢自西襲來，然居上位者內心惶惶難安，與昔時湯武禹舜之雍容氣度不可同日而語：

> 力術止，義術行，曷謂也？曰：秦之謂也。威彊乎湯武，廣大乎禹舜，然而憂患不可勝校也，諰諰然常恐天下之一合而軋己也，此所謂力術止也。〔註87〕

戰國時期諸國憂患自保，故引起反攻仇敵，進而征服敵國，之後積極擴張，終以號令四方天下，然因各處遠征，遠征不成則導致潰敗分裂、四方獨立以及中央衰亡，落入連年循環戰爭的痛苦陰影。秦雖威彊廣大遠超湯武舜禹，卻擔心諸國合縱而攻我，故荀子謂力術止，義術行。他在〈性惡篇〉也提到一個觀察重點：

〔註85〕 〈富國篇〉，《荀子集解·考證》（臺北市：世界書局，2000 年），頁 171～172。
〔註86〕 〈彊國篇〉，《荀子集解·考證》（臺北市：世界書局，2000 年），頁 280～281。
〔註87〕 〈彊國篇〉，《荀子集解·考證》（臺北市：世界書局，2000 年），頁 277。

> 天非私曾騫孝己而外眾人也，然而曾騫孝己獨厚於孝之實，而全於
> 孝之名者，何也？以綦於禮義故也。天非私齊魯之民而外秦人也，
> 然而於父子之義，夫婦之別，不如齊魯之孝具敬文者，何也？以秦
> 人從情性，安恣睢，慢於禮義故也，豈其性異矣哉！〔註88〕

學界多視荀子為自儒入法之關鍵人物，果真如此，荀子至少應推崇標榜新興
強秦的治國之道，但荀子評論秦政不只及於政治軍事層面，甚至及於人性面，
他持反對立場，乃是有見於秦人對於人性的原始性情層面無所安頓，離荀子
所嚮往的禮樂教化不可以道里計。從此等關節瞭解荀子訪秦的思想基礎，儒
法之間的分寸昭若日月。

二、向秦昭王宣揚儒者弘效

　　若按照時序排列，〈彊國篇〉是前奏，〈儒效篇〉面見秦昭王才是荀子訪
秦重點。在如此充分的準備之下，原典記載秦昭王見荀子第一句話便質疑儒
者無益治國，此言勢必對荀門師生造成影響，實際上激起荀門師生做一個內
向式的基本思考：反省自我認同、思考儒者的角色究竟為何，〈儒效篇〉前後
可以發現荀門師生層次豐富的論述，這是先秦時代儒者自我反省的第一篇文
字，對於荀子在戰國發展儒學十分重要，影響後世深遠。

三、評論秦國軍力

　　荀子熟悉秦國的歷史，也清楚秦軍的實力，但是他主張單純的軍事武力
仍不敵先王以民為本的仁義之兵，修文德以來之方是王道。訪秦也促成荀門
師生撰寫〈議兵篇〉，與秦國相關的事蹟，為荀子對於秦士卒的印象與李斯談
秦兵，完稿時間可能延續到長平戰後：

> 李斯問孫卿子曰：「秦四世有勝，兵強海內，威行諸侯，非以仁義為
> 之也，以便從事而已！」孫卿子曰：「非汝所知也，汝所謂便者，不
> 便之便也。吾所謂仁義者，大便之便也。彼仁義者，所以脩政者也；
> 政脩則民親其上，樂其君，而輕為之死。故曰：「凡在於軍，將率末
> 事也。」秦四世有勝，諰諰然常恐天下之一合而軋己也，此所謂末
> 世之兵，未有本統也。故湯之放桀也，非其逐鳴條之時也；武王之
> 誅紂也，非以甲子之朝而後勝之也，皆行前素脩也，此所謂仁義之

兵也。今女不求之於本而索之於末，此世之所以亂也。〔註89〕
這段紀錄荀卿與李斯的師生對話，李斯是否為荀門子弟，由「非以仁義為之也，以便從事而已」判斷，李斯與荀卿應該分列儒法兩端。《史記》〈李斯列傳〉記載，他是個嚮往榮華富貴的戰國游士〔註90〕，羨慕秦國壯盛的軍事實力，視文化理想於無物。但從荀子的眼中看去，秦軍的百萬雄兵僅為末世之兵，並責李斯不辨「本」與「末」，此世所以亂也。李斯即使是荀門弟子，也是個被喝斥的弟子。荀子胸懷先王之治，主張用兵以湯武仁義為尚，不可有所謂權宜方便。

在〈議兵篇〉荀子也稱讚秦有四世之勝，武力冠於各國之上，不過著重描寫秦國軍事優勢來自嚴刑峻法、嚴密的軍事組織，荀子並未被其威勢所懾，雖在當世秦軍勇冠齊之技擊與魏之武卒，但比諸歷史「秦之銳士不可當桓文之節制」，更遑論湯武仁義之師。〔註91〕

> 兼并易能也，唯堅凝之難焉。……韓之上地方數百里，完全富足而趨趙，趙不能凝也，故秦奪之。故能并之而不能凝則必奪，不能并之又不能凝其有則必亡。〔註92〕

用一「凝」字來講評秦趙長平之戰，毋寧太簡乎？不然，「凝」不只適用於趙國，也適用於秦國日後的歷史發展，秦雖能暫時統一天下，然終因不能凝聚民心而失天下，「凝」與〈議兵篇〉篇首的「壹民」、「和齊」前後呼應，都是儒家以民為本萬變不離其宗的仁政王道主張。

〈議兵篇〉中有弟子陳囂問荀子論兵之本，可視為荀子對於戰爭的基本立場：

> 陳囂問孫卿子曰：「先生議兵，常以仁義為本；仁者愛人，義者循理，然則又何以兵為？凡所為有兵者，為爭奪也。」孫卿子曰：「非女所知也！彼仁者愛人，愛人故惡人之害之也；義者循理，循理故惡人之亂之也。彼兵者所以禁暴除害也，非爭奪也。故仁人之兵，所存者神，所過者化，若時雨之降，莫不說喜。」〔註93〕

〔註89〕 〈議兵篇〉，《荀子集解・考證》（臺北市：世界書局，2000年），頁259。

〔註90〕 〈李斯列傳〉第二十七，《史記三家注》（臺北市：漢京文化事業有限公司，1981年），頁1027。

〔註91〕 〈議兵篇〉，《荀子集解・考證》（臺北市：世界書局，2000年），頁252～253。

〔註92〕 〈議兵篇〉，《荀子集解・考證》（臺北市：世界書局，2000年），頁267～268。

〔註93〕 〈議兵篇〉，《荀子集解・考證》（臺北市：世界書局，2000年），頁258。

既然荀子主張戰爭以仁義爲本，弟子質問何不息兵？荀子以爲興兵是惡人之亂，重點在禁暴除害，非爲爭奪，並列舉史上「堯伐驩兜，舜伐有苗，禹伐共工，湯伐有夏，文王伐崇，武王伐紂，」此四帝兩王的事蹟以爲佐證。近悅遠來是荀子認爲用兵的最高境界。

四、長平戰前赴趙議兵

少年離開趙國的荀子，日後曾在長平戰前回到趙孝成王面前議兵。《荀子》〈議兵篇〉直接與趙孝成王相關之處爲孝成王請問兵要。趙孝成王在西元前約 265 年即位，所以荀子訪趙不能早於此年。文中臨武君主張勢以利爲貴，荀子則強調壹民爲本，倡導仁者之兵。接著趙國君臣共同請教荀子所設何道。荀子提出王者之兵來說明，概念分明、條理井然，孝成王表面上曰善，但顯然並未採用。荀子與趙孝成王議兵之後，韓國上黨太守馮亭以十七邑來降，趙孝成王不顧平陽君豹勿貪近利的進諫，採取平原君趙勝與趙禹的意見接受馮亭來歸，並將原本駐紮在長平的老將廉頗免職，以趙括代之。後趙括戰死長平之戰，軍隊敗降。

這場戰爭《史記》〈秦本紀〉、〈韓世家〉、〈趙世家〉皆有相關記載：「（秦襄王）四十七年，秦攻韓上黨，上黨降趙，秦因攻趙，趙發兵擊秦，相距，秦使武安君白起擊，大破趙於長平，四十餘萬盡殺之。」〔註 94〕白起自西元前 293 年爲秦王舉兵攻韓便所向披靡，其後夾勝國餘威進攻韓、趙更是勢如破竹。其實秦國在此次戰役中主要的攻擊對象是韓國而非趙國：「（韓桓惠王十一年）我上黨郡守以上黨郡降趙，十四年秦拔趙上黨，殺馬服子卒四十餘萬於長平。」〔註 95〕只不過韓國上黨郡守馮亭不甘降秦，希望轉而附趙，是以讓趙國也捲入這場國際紛爭。趙國平原君與趙禹獲報之後，皆鼓勵趙孝成王接受天上掉下來的上黨十七邑：

> （趙孝成王四年）韓氏上黨守馮亭使者至曰：「韓不能守上黨，入之
> 於秦，其吏民皆安爲趙，不欲爲秦。有城市邑十七，願再拜入之趙，
> 聽王所以賜吏民。」王大喜，召平陽君豹告之曰：「馮亭入城市十七，
> 受之如何？」對曰：「聖人甚禍無故之利。」……趙豹出，王召平原

〔註 94〕　〈秦本紀〉卷五，《史記三家注》（臺北市：漢京文化事業有限公司，1981 年），頁 108。

〔註 95〕　〈韓世家〉第十五，《史記三家注》（臺北市：漢京文化事業有限公司，1981年），頁 747。

君與趙禹而告之，對曰：「發百萬之軍而攻，踰歲未得一城，今坐受城市邑十七，此大利不可失也。」王曰：「善。」乃令趙勝受地。……廉頗將軍軍長平。七年廉頗免，而趙括代將。秦人圍趙括，趙括以軍降，卒四十餘萬皆阬之，王悔不聽趙豹之計，故有長平之禍焉。〔註96〕

趙國因君臣上下一時利欲薰心導致誤判局勢，加上以躁進之趙括代老成之廉頗，陣前調度失宜，反而成為這場國際戰役的首要受害者。

　　《史記》雖然多重角度記錄邯鄲之戰，但對於戰爭本身說明仍嫌不足，楊寬在《戰國史》說明春秋戰國間，由於鐵兵器的應用，由於弩和其他新武器的發明，由於士兵的主要成份由貴族及其「私屬」和「國人」改變為農民，戰爭規模和戰爭方式就發生了巨大的變化。這個變化，首先表現在軍事上，是各國兵額大量增多，交戰雙方參戰軍隊人數增多。各國軍隊人數的增多，固然由於人口增加，更主要的是由於各國已經普遍實行郡縣徵兵制度，作戰時所有及齡農民都有可能被強迫編入軍隊，一場大戰，雙方往往動用幾十萬人，戰爭的規模也就達到空前未有的地步。〔註97〕楊寬分析由於武器改良、兵源增加以及實行徵兵制度，讓戰爭規模與春秋時代有所不同。李則芬根據《史記》〈蘇秦列傳〉統計當時各國實力，可借以管窺邯鄲之戰規模大小：「照此計算，加上大約百萬的秦兵，戰國時各國兵力的總合，恐怕當有四百至五百萬之間，戰爭規模之大，不但是春秋以前所無，即自漢以後也罕見。」〔註98〕秦兵百萬讓我們在閱讀此段歷史可以有更具體的了解。許倬雲在 *Ancient China in Transition* 一書中第三章將春秋與戰國型態作一比較，戰國的戰爭比春秋時期規模龐大、耗時更長，他在該書繪製一張戰國時期戰爭次數詳細的統計圖表，可以提供我們對於此時的戰役有基本認識。〔註99〕

　　瞭解〈議兵篇〉與長平之戰始末，是否可推測荀子究竟何時來到趙國？佐藤將之以為是戰前。如果荀子議兵在戰後，三人論辯不可能對於這場戰役

〔註96〕　〈趙世家〉第十三，《史記三家注》（臺北市：漢京文化事業有限公司，1981年），頁724～725。

〔註97〕　楊寬：〈第七章七強並立的形勢和戰爭規模的擴大〉，《戰國史》（臺北市：臺灣商務印書館，1997年），頁304～306。

〔註98〕　李則芬：〈春秋戰國間戰爭型態的演變〉，《三軍聯合月刊》，18：4（1980年6月），頁69。

〔註99〕　Cho-yun Hsu, *Ancient China in Transition: An Analysis of Social Mobility, 722～222 B.C.* Stanford: Stanford University Press, 1965. pp.53～77.

隻字不提，佐藤將之甚至假設議兵若在戰後，趙孝成王應該如孟子時代的魏惠王或滕文公，見面便提出「我們應該如何抵抗秦軍入趙」或者「我們要如何才能從這場戰役復原」之類的問題〔註100〕。廖名春根據〈議兵篇〉原文提到「韓之上地方數百里，完全富足而趨趙，趙不能凝也，故秦奪之。」〔註101〕詳細考證則斷定是戰後，即西元前 259 至 257 年。荀子如果當時在場能直接記錄戰爭實況當然很珍貴，這將是史上第一篇來自長平之戰的現場報導，史料價值比《史記》事後網羅追記有過之而無不及，以他富於實證精神的經驗性格應該會有記錄，何以相關紀錄皆不見於原典？有三種可能：第一，他是戰前訪趙，戰時不在現場；第二，戰時在現場，但部分記錄毀於秦火；第三，他雖然在戰前訪趙，戰時不在現場，但這是國際戰役，總有消息流傳，荀門師生人間的經驗性格明顯，是以雖然沒有現場的記錄報導，他們在戰後反省，執筆爲文寫出全面討論用兵的〈議兵篇〉，與透視人性的〈性惡論〉，應不算穿鑿附會。如果把荀子生平與原典文獻合併觀之，筆者以爲持第三種推論較爲周全，針對前述第一點，若荀子果眞在戰前訪趙，戰時不在現場，並不妨礙荀門師生事後追記。針對前述第二點，雖然經過戰火，荀子流傳於後世的卷帙眾多。如果暫定是戰前訪趙，可否持續思考：荀子可以挑選許多時機入秦、趙，但爲何是大戰前夕？荀子有興趣的課題很多，但爲何入秦談儒，赴趙論兵，純是巧合僅爲謀求一官半職，或者經過深思熟慮？適時於戰前入秦趙是否可以當作荀子前去弘揚儒家理念，對於兩國提出忠告，果眞如此則可推出荀子與子貢相同，亦能熟知當時國際局勢，基於對先王周孔文化理想的堅持，不辭辛勞，四處奔波傳揚。

　　荀子在〈議兵篇〉對於戰國時期的幾場戰役做了一番講評，他的心得是「兼并易能也，唯堅凝之難焉。」並舉齊能并宋、燕能并齊、趙能并韓，然而都無法凝聚民心，所以雖并而終見奪。在兼併與堅凝的關係中，荀子分析能堅凝則能并奪，並舉湯武以百里之地統一天下爲例。「故凝士以禮，凝民以政；禮脩而士服，政平而民安；士服民安，夫是之謂大凝。以守則固，以征則強，令行禁止，王者之事畢矣。」〔註102〕但如何才是堅凝？荀子再度回到他所主張的禮義之道。此爲原典僅見荀子對於長平之戰的直接

〔註100〕 Masayuki Sato, Confucian State and Society of Li: A Study on Political Thought of Xun Zi. Netherlands: University of Leyden, 2001.p.39.
〔註101〕 廖名春：《荀子新探》（臺北市：文津出版社，1994 年），頁 27。
〔註102〕 〈議兵篇〉，《荀子集解‧考證》（臺北市：世界書局，2000 年），頁 267～268。

評論。不只篇幅簡短,而且語氣冷靜,筆者推測不知原典是否失於秦火之中?但荀子原典當中也留有單獨成篇的〈議兵篇〉。我們可以推論,孔、孟罕言兵,荀子卻於長平戰前訪秦、趙,雖非身臨戰爭現場,對於荀子的思想不無衝擊。如同品評齊國君臣的方式一般,荀子是先有一套完整的品評人物高下分明的超越概念,再來俯瞰戰國眾生,或許他先具備一套以儒家精神發展出來的湯武之師,再來檢視人間的長平之戰,自然毋庸贅言,因此欲瞭解荀子對長平之戰的意見,通讀〈議兵篇〉仁義之兵,咀嚼四帝兩王事蹟,或許劃然冰釋。

肆、晚年居魯國故地

諸家對於荀子晚年的看法計有三種:第一,採取〈堯問〉與《鹽鐵論》〈毀學篇〉的說法以為李斯相秦,荀子為之不食。第二,認為春申君未封荀子為蘭陵令,以晚年留趙較符合現存史料。第三,循《史記》本傳記載以為荀子終老蘭陵。筆者不贊成第一種說法,若荀子得見李斯相秦,則荀子生年過百。第二種說法,或有學者質疑如果荀子晚年居楚,何以原典對於楚國事蹟鮮少記錄,是以主張荀子晚年居趙。但第二種說法對於劉向序錄所言:「蘭陵多善為學,蓋以孫卿也,長老至今稱之曰蘭陵人,喜字為卿,蓋以法孫卿也。」〔註103〕此段採訪當地長老所得的紀錄無從善解,斟酌再三,筆者仍遵《史記》本傳之文。

《史記》記載荀子最後選擇終老楚國,但荀子為何晚年在七國之中選擇春申君?由史實看來,戰國中晚期楚國的立場在秦國與齊國之間舉棋不定。楚懷王不與齊湣王修好,授相印與秦相張儀,屈原使齊回楚,諫殺之。楚懷王赴秦昭王之約,終亡於秦。楚頃襄王即位,依然在合縱連橫之間難以抉擇。在秦國當人質的楚考烈王即位,對秦獻土以求和,當初一起出使秦國的左徒即為春申君。此為荀子訪楚之前的大事紀。

楚國在當時是縱長,春申君等四公子在戰國晚年憑著廣交天下英雄豪傑,一人左右社稷安危。牽動秦、趙、韓三國的長平之戰,趙平原君四處求援,前文已言魏公子矯詔馳援,齊君王后選擇袖手旁觀,春申君在當時亦曾出面相助:

> 春申君爲楚相四年，秦破趙之長平軍四十餘萬，五年圍邯鄲，邯鄲
> 告急於楚，楚使春申君將兵往救之，秦兵亦去，春申君歸。春申君
> 相楚八年，爲楚北伐滅魯，以荀卿爲蘭陵令。當是時，楚復彊。
> 〔註104〕

荀子對於人物有嚴格品評，瀏覽戰國諸君最後選擇進入仗義相救的春申君是可以理解。西元前 255 年春申君在滅魯後，任荀卿爲蘭陵令，荀子時年六十一歲左右。時值楚國復強之際。

　　學界週知司馬遷記載春申君任荀子爲楚國的蘭陵令，然而較少談論戰國時期蘭陵位於何處？我們稍事考證蘭陵在春秋時代爲魯國故地。此處最早是古代的鄫子國：「蘭陵，古鄫子國，楚蘭陵邑。漢縣，屬東海郡。」〔註105〕如今在山東省嶧縣：「蘭陵（縣名）：戰國楚邑；楚以荀況爲蘭陵令即此。漢置縣，屬東海郡。東漢屬徐州東海郡。晉因之。南宋省入承。北魏復置，屬徐州蘭陵郡。北齊廢。今山東嶧縣東六十里。」〔註106〕這是蘭陵的古今沿革。另一說是山東省臨沂市蘭陵縣。《漢書》〈地理志〉在東海郡蘭陵一條之下有注釋：「……孟康曰：『次室亭魯伯是。』」〔註107〕孟康乃魏人，《漢書》〈敘例〉：「孟康字公休，安平廣宗人。魏散騎常侍，弘農太守，領典農校尉，勃海太守，給事中，散騎侍郎，中書令，後轉爲監，封廣陵亭侯。」〔註108〕孟康爲當時著名的學者，精通地理、天文、小學，所注文字應可參酌。〔註109〕另外《後漢書》卷三十一，〈郡國志〉第二十一也記載：「東海郡……蘭陵有次室亭。」下注：「《地道記》曰：『故魯次室邑。』《列女傳》有漆室之女，或作次室。」〔註110〕由以上考證我們可以得知今日蘭陵在山東省，最早是屬於古

〔註104〕〈春申君列傳〉第十八，《史記三家注》（臺北市：漢京文化事業有限公司，1981 年），頁 964～965。

〔註105〕〈縣表八〉，《歷代地理沿革表》（臺北市：鼎文書局，1973 年），卷二十六，頁 1507。

〔註106〕劉君任：《中國地名大辭典》（臺北市：文海出版社，1967 年），第四卷，頁 846。

〔註107〕〈地理志〉第八上，《漢書》（臺北市：明倫出版社，1972 年），卷八十二上，頁 1588。

〔註108〕〈敘例〉，《漢書》（臺北市：明倫出版社，1972 年），頁 5。

〔註109〕徐珮：〈孟康生平及著述考略〉，《湖北成人教育學院學報》，13 卷第 6 期（2007 年）。

〔註110〕〈郡國志〉第二十一，《後漢書》（臺北市：藝文印書館，1972 年），卷三十一，頁 307。

代的鄫子國，春秋時代為魯國舊地，《漢書》與《後漢書》記載蘭陵屬於東海郡，有一次室亭，為故魯次室邑。蘭陵為魯國故地，是荀子晚年理想的終老之處。《孟子‧盡心下》云：「近聖人之居，若此其甚也。」〔註111〕用來形容荀子居魯十分合宜。對於一位以恢復湯武周孔為己志的戰國宿儒而言，派遣他任職孔子故土意義深遠，再適當不過。荀子於此著述以終，遙想先賢典型，應不無啟發振作之功，以蘭陵為畢生奔走終老之處適得其所。

蘭陵令一職是荀子施展畢生所學的舞台。荀子在蘭陵的治績如何？漢代劉向記載只見寥寥數語：「蘭陵多善為學，蓋以孫卿也。長老至今稱之曰蘭陵人，喜字為卿，蓋以法孫卿也。」〔註112〕荀子的理論不是處士橫議，在蘭陵有治聲，留下勤學的風俗民情，至西漢仍為當地長老所懷念，可見他的理論是能付諸實踐，蘭陵或許不大，然而相較於戰國末年的世局，這份微小的政績卻顯得如此彌足珍貴。

前文言林麗娥詳考稷下學宮來龍去脈，她以為荀子是齊學的代表，但荀子早期是來自趙國，此處是三晉文化重鎮；壯年在齊國渡過，此處是稷下文化重鎮；晚年選擇終老於蘭陵，筆者以為需加上他對鄒魯文化的終極認同，才能完整敘述荀子遊歷全貌以及思想所歸。荀子的學術生涯起點是齊國稷下，從政終點是魯國舊地蘭陵，雖周遊東西，一生足跡與孔孟相始終。

《荀子》原典對於楚君與春申君的記錄不多，〈議兵〉篇提到楚國莊蹻：「楚人鮫革犀兕以為甲，鞈如金石，宛鉅鐵釶，慘如蜂蠆，輕利僄遨，卒如飄風，然而兵殆於垂沙，唐蔑死，莊蹻起，楚分為三四，是豈無堅甲利兵也哉？其所以統之者，非其道故也。」此處的觀點與訪秦之時見秦國軍力相仿，荀子以為莊蹻所率領楚人之堅甲利兵並不可恃，這是等而下之的層次，以其非禮治，未達強國之本。「禮者，治辨之極也，強國之本也，威行之道也，功名之總也，王公由之所以得天下也，不由所以隕社稷也。」

此處我們可以援引《戰國策》史料以為輔助說明春申君晚年行徑，〔註113〕反對荀子的賓客向春申君進讒言，讓荀子黯然離楚去趙，之後又由支持荀子的賓客建言讓春申君迎回荀子，如此反覆之舉或許讓荀子對春申君疾

〔註111〕〈盡心章句下〉，清‧阮元重刊，《孟子注疏》（臺北市：藝文印書館，1985年），卷第十四下，頁264。

〔註112〕《荀子集解‧考證》（臺北市：世界，2000年），頁507。

〔註113〕《戰國策箋證》（上海古籍出版社，2006年），頁892～893。

言厲色，〔註114〕本段文字亦見於《韓詩外傳》。〔註115〕王先謙以爲「厲憐王」一段爲《韓非子》〈姦劫弒臣篇〉與原典〈賦篇〉組合而成，並質疑荀子爲何對春申君出言不遜、不假辭色。〔註116〕筆者竊以爲文章應以後代抄錄前代爲是，由前文荀子品評齊國當代君臣所見，荀子本來不假辭色。如此斥責春申君或許其來有自，由《史記》記載春申君圖謀不軌的行徑，最後被李園所弒的事蹟對照看來〔註117〕，也就不難理解。荀子過世之後，嬴秦崛起，戰國走入歷史，靜待另一個盛世——漢代，荀子的思想待彼時方得實踐。

伍、小結

本文藉助前人點滴累積的研究成果，整理出兼具考據、邏輯與常理的荀子生平，研究結果與夏甄陶〔註118〕、佐藤將之〔註119〕所推測相去不遠。然本文除生平考證而外，尚且討論荀子在戰事之中週遊北趙、東齊、西秦、南楚四極的足跡。

西元前約 316 年荀子生於趙。先世爲周文王，此點對於少年荀子的行蹤解讀至爲重要。趙國爲三晉法家的重鎮，在當時橫跨中原華夏文明與北方草原文明，這樣的地理與學術背景對荀子的思考方向不無影響。荀子成長於趙武靈王之世，彼時國中充滿勇於創新、勵精圖治的風氣。雖然四面受敵，史上未載荀子值遇實際戰事。離開父母之國可能是因爲趙國整軍經武的氣氛及法家爲主的環境，與少年荀子開始嚮往的先王文化理想不合，日後荀子於長平大戰前返國勸戒趙國君臣勿陷利害權謀當以仁義之師、王者之兵爲尚可以推測得知。本文不贊成荀子二十歲曾遊燕。理由有二：如果要兼顧荀子曾經遊燕與任蘭陵令則年紀將逾百歲，此其一也；荀子沒有充份的理由遊燕，此其二也。

〔註114〕《戰國策箋證》（上海古籍出版社，2006 年），頁 893～894。
〔註115〕韓嬰：《韓詩外傳》（北京市：中華書局，1985 年），卷四，頁 57～58。
〔註116〕《荀子集解‧考證》（臺北市：世界，2000 年），頁 26。
〔註117〕〈春申君列傳〉第十八，《史記三家注》（臺北市：漢京文化事業有限公司，1981 年），頁 965～966。
〔註118〕夏甄陶：〈荀子的生平和他對百家之學的批評與繼承〉，《論荀子的哲學思想》（上海人民出版社，1979 年），頁 25～32。
〔註119〕Masayuki Sato, *Confucian State and Society of Li: A Study on Political Thought of Xun Zi*. Netherlands: University of Leyden, 2001, pp.28～41.

　　西元前約 301 年齊國給了荀子學界的最高尊榮，但也讓他實際經歷戰爭的流離。告別祖國來到繁榮興盛的稷下學宮，如果沒有如此廣闊的學術視野，如果沒有數十年的浸潤，或許就沒有〈勸學〉、〈非十二子〉諸名篇產生。西元前約 286 年遭逢燕齊大戰離齊奔楚避禍，在稷下諸子凋零後荀子三爲祭酒成爲學界領袖。除了學術活動之外，荀子也與齊國君臣有過對話。《史記》與《荀子》原典完整記錄他對齊國君臣將相的褒貶，從中可以看出追仿春秋褒貶的筆法，以及背後以湯武周孔爲尚的品評標準，有別於司馬遷的人物品評，荀子以先王周孔爲評判標準，貶多褒少，對於同代的君臣將相十分失望。游齊佔去荀子一生最菁華的部份。

　　《史記》並未記錄荀子於長平戰前遊秦、趙，但散見原典之中。若此次出訪兩國時間、地點與議題無誤，則知荀子具有領導齊國學界的地位之後，非只甘心在稷下與處士橫議，尚且熟稔戰國局勢，情願東西奔波四處宣揚儒家精神。由西元前約 266 年之後入秦論儒，可知荀子對西方強秦鉅細靡遺的觀察，亦可見戰國儒者荀子企圖與李斯帝秦法家立場做一區隔，論者好以荀子作爲儒法之間的過度或綜合人物，似乎可以稍作斟酌。由此也可明瞭荀子對於秦國僅只訪察，不可能爲之久留。但與秦昭王對談讓他深思儒者本質與何謂大國，對於撰寫〈儒效〉與〈彊國〉諸篇助益匪淺。長平大戰前訪趙議兵，形之於原典或許論實際戰爭細節較少，但卻發展出以湯武周孔仁義之師爲主軸的基本軍事主張。

　　走過北方的趙國、東方的齊國與西方的秦國，荀子的晚年選擇定居南方的楚國。楚國也許不是最恰當的歸鄉，但楚國與齊國都是對抗秦國的合縱國家，春申君或許不是戰國中最令荀子心服的人物，但合縱聯軍賴諸公子從中奔走而於戰國末年猶能抵抗西秦攻勢。西元前約 255 年楚滅魯後，春申君任荀子爲蘭陵令，蘭陵爲魯國故土，由此或許可見春申君對於荀子的認識，荀子應該可以感受孔子的精神召喚，晚年於此著書終老適得其所。

　　莊子之逍遙遊與孔孟荀之週遊不同，莊子選擇以超越的角度俯瞰人間世，儒者直接走進人間。荀子在最混濁的世代，充份發揮他的經驗性格：用眼看、用耳聽、用腳走、用心觀。在那個車不同軌、書不同文的年代，可以看出他遊歷幅員之大，東至齊、西至秦、北至趙、南至楚，幾乎遍及中原地區。如此完整的視野對於荀子晚年思想著述的影響不宜等閒視之。

往後的讀書人可以效法荀子的著書立說，卻無法再週遊他所走過的動盪世界。〔註120〕雖值亂世，他卻為人間設計一條康莊大道，靜待來年文明盛世再起。

第二節　荀子的著作——理性書寫

面對戰國的世局，荀子採取的方式是以書寫作為救贖。荀子生於北趙、遊於東齊、訪於西秦、入於南楚，在戰國末年行走於烽火連天的大地，終老於孔子的故土魯國，晚年著書立說，正式開啟後世儒者的寫作。荀子下筆為文的特色在於理性書寫，故本節討論荀子的著作即以理性書寫名之。關於《荀子》的理性書寫，本文欲明論的問題有二：何謂理性書寫？釐清荀子的理性書寫對於了解《荀子》原典有何連帶助益？

壹、結合荀子的名學思維與書寫形式看荀子的理性書寫

何謂理性書寫？在這一節中筆者擬澄清的子題計有：荀子的寫作企圖，荀子的名學思維帶起理性書寫，荀子寫作形式溯源，荀子理性書寫的特色以及由此推出《荀子》的系統脈絡。

先秦諸子在春秋伊始並沒有寫作的動機，直至戰國晚期之莊子、荀子始揭著述風潮。孔子曰：「必也正名乎？」尊孔的荀子有〈正名篇〉，並吸收消化墨子的寫作形式，如此的名學思維啟動他的理性書寫。荀子隱藏在字裡行間的理性書寫，透過一番勾沉索隱，我們可以編織荀子完整的系統脈絡。

一、荀子的寫作企圖

談理性書寫之前，首先要了解荀子的寫作企圖。茲列舉先秦諸子的寫作企圖以與荀子對照，與孔、老、孟、墨互相比較，便可看出荀子不同的寫作態度。先秦諸子書寫工具不如後世方便取得，亦無個人著述觀念，大多是由弟子或再傳弟子以無標題的語錄體形式追記，《論語》、《道德經》、《孟子》、《墨子》皆為思想家弟子後學所記。

〔註120〕余英時：〈古代知識階層的興起與發展〉：「戰國的無根的「遊士」轉變為具有深厚的社會經濟基礎的『士大夫』。」《中國知識階層史論》（臺北市：聯經出版事業公司，1980 年），頁 86。

以《論語》而言，班固在《漢書・藝文志》曰：「論語者，孔子應答弟子時人，及弟子相與言而接聞於夫子之語也。當時弟子各有所記，夫子既卒，門人相與輯而論纂，故謂之論語。」〔註121〕

近人楊家駱曾詳考老子生平，十分精審，可參考。楊家駱於書中述及老子的寫作情況：「聃再順黃河南下至晉桃林塞（今河南陝西交界處之潼關），守塞令關尹學與聃近，強其著書。聃因雜錄平日思想之結論為上下篇，言道德之意，凡五千餘言。」〔註122〕可見老子原來無意著述，因關尹強之，不得已而作。

《史記・孟子荀卿列傳》載孟子生平，明言原典為孟子與弟子所著，曰：

> 孟軻，騶人也。受業子思之門人。道既通，游事齊宣王，宣王不能用。適梁，梁惠王不果所言，則見以為迂遠而闊於事情。當是之時，秦用商君，富國彊兵；楚、魏用吳起，戰勝弱敵；齊威王、宣王用孫子、田忌之徒，而諸侯東面朝齊。天下方務於合從連衡，以攻伐為賢，而孟軻乃述唐、虞、三代之德，是以所如者不合。退而與萬章之徒序詩書，述仲尼之意，作孟子七篇。〔註123〕

然而梁啓超在《要籍解題及其讀法》指出，漢儒傳說皆謂此書為孟子自撰，但由書中稱時君皆舉其謚號，又於孟子門人多以「子」稱之，推測應是弟子萬章或公孫丑等人所錄，〔註124〕果如梁啓超所言，文中多稱孟子為子以及國君謚號推測，孟子並未執筆著述。

〔註121〕《漢書》（臺北市：明倫出版社，1972年），頁1717。

〔註122〕楊家駱：〈老子新傳〉，《新編諸子集成》（臺北市：世界書局，1972年），頁3～9。

〔註123〕《史記三家注》，（臺北市：漢京文化事業有限公司，1981年），頁939。

〔註124〕《史記》〈孟子荀卿列傳〉云：「孟子乃述唐虞三代之德，是以所如者不合，退而與萬章之徒序《詩》、《書》，述仲尼之意，作《孟子》七篇。」趙岐《孟子題辭》云：「退而論集所與高第弟子公孫丑、萬章之徒難疑問答，又自撰其法度之言，著書七篇二百六十一章三萬四千六百八十五字。」據此則漢儒傳說皆謂此書為孟子自撰，然書中稱時君皆舉其謚，如梁惠王、襄王、齊宣王、魯平公、鄒穆公皆然，乃至滕文公之年少亦皆如是，其人未必皆先孟子而卒，何以皆稱其謚？又書中於孟子門人多以「子」稱之，樂正子、公都子、屋廬子、徐子、陳子皆然，不稱子者無幾。果孟子所自著，恐未必稱其門人皆曰：「子」。細玩此節，蓋孟子門人萬章、公孫丑等所追述，故所記二子問答之言最多，而二子在書中亦不以子稱也。其成書年代雖不可確指，然最早總在周報王十九年（西元前二九六）梁襄王卒之後。上距孔子卒一百八十餘年，下距秦始皇并六國七十餘年也。見梁啓超：《要籍解題及其讀法》（臺北市：中華書局，1976年），頁6。

　　《墨子》文章多出弟子及後學所記，原典中的「子墨子曰」即是證據。逍遙的莊子有書寫企圖，原典分內、外、雜篇，內篇爲莊子所寫，外篇、雜篇有後學所增益〔註125〕。

　　梁啓超在《要籍解題及其讀法》指出：

　　　……四、《荀子》一書，自劉向《敘錄》起便常常被視爲荀子手著，然〈儒效〉、〈議兵〉、〈彊國〉似爲門弟子記錄，〈堯問〉爲他人所述，〈大略〉以下六篇則爲荀卿弟子所記荀卿語以及雜錄傳記。〔註126〕

《荀子》一書雖然雜有弟子或他人記錄〔註127〕，比起《論語》、《道德經》、《孟子》、《墨子》自著的比重增加，胡適以爲：「大概《天論》、《解蔽》、《正名》、《性惡》四篇全是荀卿的精華所在。其餘的二十餘篇，即使眞不是他的，也無關緊要了。」胡適對於《荀子》章節的眞僞可謂嚴苛，他以爲原典中可信賴者最少有四篇出自荀子之手。〔註128〕依《史記》言：「荀卿嫉濁世之政，亡國亂君相屬，不遂大道而營於巫祝、信機祥，鄙儒小拘，如莊周等又猾稽亂俗，於是推儒墨道德之行事興壞，序列著數萬言而卒。」〔註129〕章學誠在《文史通義》〈詩教上〉曰：「周衰文弊，六藝道息，而諸子爭鳴，蓋至戰國而文章之變盡，至戰國而著述之事專，至戰國而後世之文體備。」〔註130〕司馬遷與章學誠之言可以補充描述荀子的寫作企圖。

　　體會荀子接受戰國趙、齊、秦、楚四大文化區域的洗禮，即能瞭解他對於整個時代的關懷，例如：長期居於齊國稷下學宮，遭逢長平之戰，長途跋涉與秦昭王、趙孝成王的對話對於荀子寫作皆有影響。如果瞭解他對於時代的關懷，則可瞭解他的寫作企圖；體認他的寫作企圖，則可瞭解他寫作關懷的範圍爲何如此之廣，與思考層次爲何如此之深；若可瞭解他寫作關懷的範

〔註125〕 黃錦鋐：〈莊子書的考證〉，《新譯莊子讀本》（臺北市：三民書局，1983 年），頁 9～14。

〔註126〕 梁啓超：《要籍解題及其讀法》（臺北市：中華書局，1976 年），頁 39。

〔註127〕 有關《荀子》一書的作者顯然不只出自荀子之手，按照目前的文獻看來應該尚有弟子與後人參與的痕跡。所謂弟子記錄的篇章很值得關注，這些篇章荀子本人是否有初稿？若有，爲何沒留下荀子本人的手筆？若無，荀子本人爲何不寫？以明顯出自弟子寫作的部分而言，弟子所記爲何選〈彊國篇〉？爲何選〈議兵篇〉？就荀子本人的思路而言，談禮樂文明教化足矣，但荀門弟子在戰國末年更能引起他們興趣的是荀子與諸強之間的對話。

〔註128〕 胡適：《中國古代哲學史》（臺北市：臺灣商務印書館，1982 年），頁 26。

〔註129〕 《史記三家注》（臺北市：漢京文化事業有限公司，1981 年），頁 941。

〔註130〕 章學誠：《文史通義》（臺北市：華世出版社，1980 年），頁 16。

圍如此之廣、思考程度如此之深，則可體會他爲何要發展新的寫作的形式與技法，例如選擇細密的議論文，才能完整表達他豐富的思想體系，引用排比或駁論的方式方才足以釐清對方論點，展現自己的立場。〔註131〕

二、名學特色與理性書寫

要談荀子的理性書寫，我們有必要了解他的名學特色。陳漢生（Chad Hansen）在《中國古代的語言和邏輯》一書當中反省研究中國哲學的方法，他指出在研究西方哲學時，一般而言有邏輯便有思想，但是，當研究範疇轉入中國哲學，有一種論點是中國哲學蘊含了一套與西方不同的特殊邏輯，所以研究中國哲學必須「像中國人那樣思考」〔註132〕，此說尚有弦外之音，暗指在中國哲學的領域無法進行抽象思考，鮮少討論概念、共相或內涵。然而此等描述在先秦思想家之中，荀子是例外之一。

荀子自有名學，然荀子的名學與西方所謂的邏輯有何差別？李哲賢在其著作中有一番比較與釐清：

> 邏輯是一門研究推論（inference）或論證（argument）法則之學問。所謂推論是由前提（premise）推衍出結論（conclusion）之過程。任一推論之前提和結論皆是命題（proposition）或判斷（judgement），易言之，推論是由命題所組成。而命題則是由概念所組成。依邏輯而言，荀子之名相當於邏輯中之概念，辭相當於命題；辯說相當於推論或論證。〔註133〕

由西方邏輯的角度看來，李哲賢以爲荀子所述之名、辭、辯說相當於邏輯中的概念、命題與論證。李哲賢尚歷數海峽兩岸與美、日多位學者的觀點，進一步指出荀子名學的確切地位：

> 蓋根據吾人之前對於中國古代名學所作之定性分析及對西方邏輯學之理解，可知，名學在本質上並不等於邏輯學，二者之性格並不相同。因之，依據西方邏輯作爲判準來評斷荀子之名學，實不可行。

〔註131〕譚家健提到荀子有明確的寫作理念，但未及溯源；過常寶提及以爲荀子深受稷下學宮以及七十子之徒的影響，但筆者補充他所成長的趙國，曾經遊訪的秦國以及最後終老的楚國對於荀子皆有所激發。

〔註132〕見陳漢生（Chad Hansen）：《中國古代的語言和邏輯》（北京市：社會科學文獻出版社，1998年），前三章的討論。

〔註133〕李哲賢：《荀子之名學析論》（臺北市：文津出版社，2005年），頁117。

其次，根據徐復觀之觀點，中國古代之名學與西方之邏輯學，二者
之性格不同。中國之名學是依據經驗事實或基於價值之要求，以追
求行爲之實踐或解決現實之倫理政治問題。荀子之名學完全是指向
一種倫理政治目的。對荀子而言，倫理政治始終有其優位，至於具
有邏輯意義之名實之辯，只不過是達成倫理政治目的之正名的工具
或手段而已，依此，荀子之名學正表現出中國名學之本色。〔註134〕

論者多認爲荀子的名學以倫理政治爲主、以邏輯爲輔，視荀子的邏輯成就不
夠道地，但李哲賢卻以爲重倫理政治的特點正是「中國名學本色」。徐復觀亦
言「中國之名學是依據經驗事實或基於價值之要求，以追求行爲之實踐或解
決現實之倫理政治問題。」〔註135〕這正是自孔子談「正名」以來所訂定的基
調。那麼，荀子名學思想的重點爲何？我們從傳統邏輯開始說起。一般而言，
傳統邏輯研究是以推論爲核心。作爲邏輯之功能，證明是要透過推論。而概
念和命題則是爲了推論研究而展開。然而，就荀子而言，荀子雖然對推論之
方法從理論上作了概括說明，但是，荀子對於辭之探討則頗爲簡略，且對於
推論之具體形式和規律則並未有深入之探究。綜言之，荀子之名學思想係以
名或概念爲核心，此所以荀子將其名學名之爲「正名」，而荀子對於先秦名學
之貢獻與成就主要亦在於其概念論或名之理論，且荀子對於名之理論探究亦
最爲全面而深入。〔註136〕亦即荀子對於辭與推論之形式雖然用力未深，但在
名或概念之理論則貢獻良多。李哲賢於本書結論中建議研究荀子思想除了倫
理範疇之外，名學的角度亦可考慮：

荀子名學中所提出之論辯，本質上倫理的，而非思辯的。因之，未
來有關荀子之名學研究，或誠如 Antonio Cua 所指出的，宜著重於
荀子之倫理學或道德知識之探究。其次，根據荀子之名學理論，亦
不失爲研究荀子哲學之另一方向。〔註137〕

職是之故，在討論荀子的書寫之時，筆者嘗試順此思路重新正視荀子的名學
思想，並進一步將荀子的正名概念與書寫形式結合。或許荀子對於辭與論說
形式本身之探討不夠深入，但是就書寫形式此一層面而言，當這位戰國名學

〔註134〕李哲賢：《荀子之名學析論》（臺北市：文津出版社，2005 年），頁 235。
〔註135〕徐復觀：《公孫龍子講述》（臺北市：臺灣學生書局，1982 年），頁 7。
〔註136〕徐復觀：《公孫龍子講述》（臺北市：臺灣學生書局，1982 年），頁 199。
〔註137〕徐復觀：《公孫龍子講述》（臺北市：臺灣學生書局，1982 年），頁 255。

家提筆爲文，第一個顯見的特色是概念分明，此一特色展現在書寫形式上是全書以主題概念名篇，德效騫（Homer H. Dubs）從形式來看荀子的寫作：

> 到了荀子，零散的語錄體已經改變，透過繁複的句子組成一整篇文章，或者透過特定主題的小散文，我們在他的文章中發現議題開始有聯貫性的發展。每個小標題又順序發展，我們發現荀子能掌握駕馭文章的各個要點。或許不像孟子有生動的說明及精采的鋪陳，但是文章有中肯的議論、精確的推論以及分析的能力，展現了一流的心智。

所謂的小標題即是篇名概念，瀏覽《荀子》全書的篇名，透過各篇的概念主旨便可具體而微瞭解他在人間世界所希望凝結關注的重點爲何。〔註138〕荀子或許對於推論形式本身並未如西方的論證形式周到，但在原典中每一篇名的概念主旨實皆包含一個荀子所欲申論的議題，也就是德效騫所說「議題開始有聯貫性的發展」。大室幹雄進一步將此形式結合荀子的世界觀：「荀子之邏輯思考之內涵有二，一是形式邏輯，一是世界觀。」〔註139〕大室在文中指出「其矛盾是荀子邏輯思想中『實際』或『經驗』與『理念』之間的對立。」並反復斟酌荀子之邏輯觀念與經驗世界的辯證關係。除了德效騫所言順序發展的小標題之外，荀子的正名概念與書寫形式結合，尚可看見荀子的政治、倫理、道德或知識，除了倫理道德之外，荀子的確希望透過邏輯形式逐步去展現他的世界，大室幹雄所說的世界觀是值得玩味。

是故我們定義荀子的理性書寫爲：

〔註138〕此段之原文如下：

In Hsuntze's writings all this changed. Instead of this discrete scattered utterance, We find continous development of a theme thought a whole chapter, with long involved sentences; or short essays on a given subject.We find a topic broken up into sub-heads, and each sub-head developed in order-we find a master of the essentials of compotion. While there may not be the vividness of illustration and brilliance of exposition found in Mencius, yet there is cogency of argument, a closeness of reasoning, and an analytics power which shows a mind of the first order. 參見德效騫（Homer H. Dubs），*Hsuntze: The Moulder of Ancient Confucianism*, p.40.

〔註139〕大室幹雄：〈「荀子における論理學的思考─その構造と本質と機能」〉，《日本中國學會報》第18集（1966年），頁111～115。參考佐藤將之：〈二十世紀日本荀子研究之回顧〉，《國立政治大學哲學學報》第11期（2003年12月），頁63。

（一）理性不與感性相對，而是與無條理、無秩序、無推理、無論證相對。

（二）理性可泛指有理路，但在此處特指形式上的名學思維，是指有概念、有推論、有論證、有系統、有架構，荀子的理性書寫展現在用字精確、論證綿密、主題概念名篇以及可推出有系統架構。這一點我們如果能回顧荀子曾專章討論〈正名篇〉，便較能理解他在論述形式上有別於先秦諸子的特色。《孟子》在書寫形式上是語錄體，《墨子》一書為弟子後學所記，《莊子》的思維方式是超越名學，《韓非》、《呂氏春秋》或有名學思維，然而對於名學思維的重視未如荀子提升至專章討論。

三、形式溯源

　　在進入正式問題討論荀子的理性書寫之前，容我們撥出些許篇幅回溯荀子理性書寫的形式淵源。《荀子》與《墨子》一書在形式上有相似之處，主要見於以概念名篇、出現論證以及系統完整。目前所見《墨子》原典已經化《論語》、《老子》時期的語錄體而成文章的基本雛型：有貫穿全篇文義的標題，且多為主題名篇，有句意聯貫的完整段落，文章內段落大意互相呼應，瀏覽目錄便可快速瞭解墨家學說所欲宣傳的重點，墨子中〈兼愛〉、〈非攻〉、〈尚賢〉、〈尚同〉、〈節用〉、〈節葬〉〈非樂〉，〈非命〉、〈天志〉、〈明鬼〉這十篇是先秦散文首次出現有意識的標題式寫法。

　　墨子行文的特色還見於以議論說理，議論說理重在立場。劉大杰推崇墨子論辯文體的特色在於三表法，議論文最大的缺失在於沒有立場而流於模棱兩可、前後矛盾，墨子之文章無此病，因三表一立，所有議論文字便有依歸。另外〈小取篇〉中所說的「辟、侔、援、推」也是墨學議論精采之處。譬是譬喻，侔是用他辭襯托此辭的比辭法，援是援例的歸納，推是歸納的論斷〔註140〕。這些推理方式在回應當時各家蠭起的議論十分有效。〈兼愛〉與〈非攻〉說理有條不紊、層層深入，〈公輸篇〉則是在議論之外兼及繁複的類比、生動的形象書寫，是墨子中難得一見義理與文彩兼具的佳作。陳必祥以為真正有組織、有結構的議論散文是從春秋戰國之交的《墨子》開始。〔註141〕

　　不只文章議論說理井然，十篇文章即是十個概念，十個議題。墨學在春秋時代崛起成為顯學，應該與此類有效率的文字宣傳形式不無關連。《墨子》

〔註140〕劉大杰：《中國文學發展史》（臺北市：華正書局，1985年），頁79。

〔註141〕陳必祥：《古代散文文體概論》（臺北市：文史哲出版社，1987年），頁102。

原典舛訛脫漏不在少數,就文字訓詁而言難以卒讀,幸而文章理路分明,讓後世學者可經由邏輯推論的方式鉤勒完整墨學系統脈絡,吾人對於兼愛非攻可能贊成可能反對,但對於墨學思想的詮釋倒是甚少歧異。墨子以概念名篇、有論證的文字以及以此為基礎完整的系統脈絡,皆可見於《荀子》原典。

四、用字精確

荀子理性書寫的特色在於正名思維〔註142〕,其正名思維反映在文字上是用字精確,論證豐富,主題名篇,完整的系統脈絡。茲從用字開始論起。荀子善於遣詞用字,在哲學思考來說這是概念清晰,正名理想的文字實踐,在文學修辭說是遣辭用字精確,文彩斑斕的基礎,無論哲學或文學領域都是重要的起始。如化性起偽之化與偽,積學成聖之積,皆富有深意。再舉〈修身篇〉示範:

> 以善先人者謂之教,以善和人者謂之順;以不善先人者謂之諂,以不善和人者謂之諛。是是非非謂之知,非是是非謂之愚。傷良曰讒,害良曰賊。是謂是,非謂非曰直。竊貨曰盜,匿行曰詐,易言曰誕。趣舍無定謂之無常。保利棄義謂之至賊。多聞曰博,少聞曰淺。多見曰閑,少見曰陋。難進曰偍,易忘曰漏。少而理曰治,多而亂曰秏。

文中字字皆有定義,且點出字與字之間相反或相成的關係,可見荀子對於文字審慎的反復斟酌。〈儒效篇〉連續舉出十個修飾聖人的形容詞:

> 井井兮其有理也,嚴嚴兮其能敬己也,分分兮其有終始也,猒猒兮其能長久也,樂樂兮其執道不殆也,炤炤兮其用知之明也,脩脩兮其用統類之行也,綏綏兮其有文章也,熙熙兮其樂人之臧也,隱隱兮其恐人之不當也:如是,則可謂聖人矣。

字義精準、節奏從容,可以當作荀子對於聖人氣象的禮讚。

〔註142〕 正名思維展現在台灣近年的論文寫作上,有個鮮明的例子便是學者好以「類」觀念來闡釋荀子思想,如周志煌:《物類與倫類:荀學觀念與近現代中國學術話語》,臺北市:洪葉文化,2013年。陳平坤:〈荀子的「類」觀念及其通類之道〉,《台大哲學評論》第31期,2006年3月。楊長鎮:《荀子類的存有論研究》,臺北市:文津出版社,1996年。曾春海:〈荀子思想中的統類與禮法〉,《孔孟月刊》第20卷第2期(1981年10月),頁37~42。李滌生:《荀子集釋》(臺北市:臺灣學生書局,1979年),頁12~13。俞仁寰:《從類字透視荀子政治思想之體系》,臺北市:國立臺灣大學法學院,1962年。

五、出現論證

荀子的長篇文章以議論說理為主，先秦諸子都在希望明確闡發論點，但何者才是說服對方的適當形式？應選擇對話或者議論？應安排寓言或比喻？修辭與哲理是互礙或互成？《論語》與《道德經》的書寫風格為語錄體，《孟子》以對話為主，並開始運用寓言，《莊子》大量創作生動活潑的寓言。然荀子傳達哲理的方式並未採用對答、具體形象或寓言，他選擇與《墨子》相同純粹說理的方式，以確保議論在傳達過程的準確度。其論理形式可以從立論、駁論與推論三項來談。

（一）以立論而言

《荀子》有數篇文章開宗明義便提出論點，如〈天論篇〉：

> 天行有常不為堯存，不為桀亡，應之以治則吉，應之以亂則凶。

〈天論篇〉篇幅不長，開門見山便將主旨點出，爾後再反覆申論，此種寫作方式之妙處在直指核心。亦有逐段立論如〈王制篇〉者，逐項討論「王者之政」、「王者之人」、「王者之制」、「王者之論」、「王者之法」等要點〔註 143〕。逐段立論則將主要論點一一羅列，比較有敘述層次。

（二）以推論而言

荀子原典處處可見推論，過常寶借分析〈天論篇〉、〈勸學篇〉與〈正名篇〉將荀子的類推闡釋透徹。他以為傳統論證方法中最重要的理據是經典、格言與俗語，這些方法在原典中皆得到保留，但不再大量使用，類推成為文本中說理最主要的手段〔註 144〕。筆者以為引經據典偶而可能流於訴諸權威，由引經據典轉變為推論，此中轉折可見荀子已經嘗試依靠人的理性思考。

（三）以駁論而言

駁論是荀子的專長，借此展現了他的批判精神。譚家健以為荀子吸取墨道兩家的邏輯思維，全書處處可見駁論，並運用三段論證分析〈正論篇〉以為示範。〔註 145〕另外〈富國篇〉、〈禮論篇〉與〈樂論篇〉在書寫背後的立場幾乎皆以駁墨子之「節用」、「薄葬」及「非樂」而起。荀子運用立論、推論

〔註 143〕譚家健：《先秦散文藝術新探》（濟南市：齊魯書社，2007 年），頁 134。

〔註 144〕過常寶：《先秦散文研究：早期文體及話語方式的生成》（北京市：人民出版社，2009 年），頁 362。

〔註 145〕過常寶：《先秦散文研究：早期文體及話語方式的生成》（北京市：人民出版社，2009 年），頁 136。

與駁論這三種方式並非涇渭分明，李哲賢由論證過程一一分析〈性惡篇〉〔註146〕，〈樂論篇〉則可見層層疊疊的排比法，兩者兼有駁論與推論。

六、概念名篇

荀子對於辭與推論之形式或許如前段李哲賢所說用力未深，但在名或概念之理論則貢獻良多。就書寫形式此一層面而言，當這位戰國名學家提筆爲文，第一個顯見的特色是概念分明，此一特色展現在書寫形式上是全書以主題概念名篇。討論先秦典籍的篇名，楊筠如對於古籍名篇分法的意見可茲參考：

> 古書的題篇，大概只有兩種辦法：第一種辦法，是取篇首兩個字，或是第一句中間兩個主要的字眼來做篇名。這種書大概是後人或門弟子所編纂，其篇名也是編纂的人所題。比如《論語》、《孟子》都屬於這一類。就他原始的意義來說，可以稱爲語錄體。第二種辦法，是取一篇的大意來做篇名。這一類的書，也有自作的，也有後人編述的。大致是先有主意，然後作文，也可說是先有篇題而後有文章。就廣泛的意義，可以叫著論文體。比如《莊子》內篇，和《墨子》、《韓非子》中間一部分較爲可靠的各篇大致都屬這一類。〔註147〕

楊筠如所說的大意名篇即是本文所說的概念名篇，《荀子》目錄標題所見即是由語錄體以篇首爲題，轉向論文體以主旨爲題的過渡狀態。《荀子》將《論語》、《孟子》寫作架構零散的對話語錄轉換爲層層深入的單一議題論述，這是一個時代的寫作趨勢，前代的《墨子》、《莊子》以及時代稍後的《韓非子》皆慢慢朝向新趨勢發展。

《荀子》的篇目雖然只有兩個字，但皆值得玩味，例如「勸學」、「修身」、「禮論」扼要融攝全文的旨意。

七、首〈勸學〉而末〈堯問〉

荀子是個能夠與名家對話的儒家學者，他與弟子的思維如果彰顯了以大意概念爲主的篇名，同理可推應該也會展現在篇目的順序上。既然寫作方式爲有條理的論文體，篇名又能與正文的意義相符，這樣的思維方式是否會延

〔註146〕 李哲賢：《荀子之名學析論》（臺北市：文津出版社，2005年），頁55。
〔註147〕 楊筠如：〈關於荀子本書的考證〉，《古史辨》第六冊（臺北市：藍燈文化，1987年），頁133。

申至目錄的前後順序，而非留下零亂的篇目安排？前文所言的《墨子》十篇即是一例。《論語》、《孟子》寫作形式雖爲語錄體，內在思路自有其一貫的整體性，《荀子》的思路的開始重視形式思考，著作的整體性應可展現在寫作的外在形式上。

　　今考其書始於〈勸學〉，終於〈堯問〉，篇次實仿《論語》。〔註148〕

汪中舉出荀子的篇目是首〈勸學〉、終〈堯問〉，實仿《論語》，這一點在釐清荀子的篇目系統是富有啓發性的線索。

　　我們正本清源先回顧《荀子》一書的流傳，以及劉向與楊倞在流傳過程中的編輯與重整。首先，我們要回顧在秦所產生的焚書事件於《荀子》流傳影響，《孫卿書錄》記載當時爲數眾多的版本在劉向整理之下的情形：「（向）所校讎中孫卿書，凡三百二十二篇。以相校除復重二百九十篇，定著三十二篇，皆以定殺青，簡書可繕寫。」〔註149〕廖名春以爲荀子弟子眾多，《荀子》的文本在後世流傳大約有十個版本左右，劉向主要的工作是校讎、去除重複以及編定順序。〔註150〕《荀子》似乎避過時代劫難在漢初廣爲流傳。駱瑞鶴推測原書在秦流傳有幾項有利的條件，主要原因是荀子爲當時眾所周知的大學者，第二，早期左右秦政的李斯爲其大弟子，其三，原典不只一次讚揚秦國的吏治與軍政。〔註151〕翻檢荀子原典固然有讚美秦政之處，但文中也對於秦政亦有嚴厲的批評，是以筆者對駱瑞鶴所持第三點理由暫作保留。總之，無論詳細原因爲何，三百二十二篇乃漢成帝下獻詔書所得，雖然經歷秦火，並未對《荀子》流傳造成太大影響，與其他儒家典籍的情況不盡相同。

　　再者，劉向對於《荀子》的整理裒輯之功見於校讎、刪重與排序，唐代楊倞則在校注之外，對劉向安排的目錄順序稍作調整。駱瑞鶴非常推崇楊倞重新排定的次序，他以爲在重定書名之時，楊倞又分原十二卷爲二十卷，且將原來的篇章次序作了一些調整，意在「使以類相從」。凡某篇做了調整，楊倞都有說明。根據楊倞的說明，可列出劉向所定《孫卿新書》（《孫卿子》）的

〔註148〕《荀子集解・考證》（臺北市：世界書局，2000年），頁24。
　　　　 王博爲此做了如下的解釋：「二者共同形式背後體現的則是類似的義理結構，即由學以致聖的思想進路。」〈論《勸學篇》在《荀子》及儒家中的意義〉，《中國哲學》第五期（2008年），頁58。這點意見值得參酌。
〔註149〕劉向：〈荀卿新書三十二篇〉，《荀子集解・考證》（臺北市：世界書局，2000年），頁504。
〔註150〕廖名春：《荀子新探》（臺北市：文津出版社，1994年），頁51。
〔註151〕駱瑞鶴：《荀子補正》（武昌市：武漢大學出版社，1997年），頁3。

篇次。楊倞據「以類相從」的原則，對原書篇次大膽地進行調整。調整的結果，便於讀者了解《荀子》的著作形式，把握全書思想。尤其值得一提的是，《論語》以〈學而〉開篇，以〈堯曰〉終結，楊倞訂《荀子》篇次，首爲《勸學》（與劉向本同），末爲〈堯問〉（劉向本爲〈賦篇〉）。這並非巧合，而當是楊倞有意如此。荀、孟都以孔子學說的繼承人自居，楊倞的處理，反應了楊倞本人的看法，或許也符合荀門師生的意見。楊倞在改變原本篇第結構的同時，不忘注明舊時次第及調整理由，以便讀者考察，這是較爲嚴肅的態度。〔註152〕楊倞編輯原典之時，採取以類相從的原則是符合荀子的名學思維，除此之外，駱瑞鶴也採取汪中的見解：《論語》以〈學而篇〉爲首，以〈堯曰篇〉爲終，楊倞準荀子的思想來改定篇次，以〈勸學篇〉爲首，以〈堯問篇〉爲終，掌握了荀子思想的表達形式，由此形式架構的意義在於將荀子尊孔的旨趣貞定了基本方向。

以下排列劉向與楊倞的目錄順序，並記楊倞於目錄下之注解，方便觀察兩者差別：

	劉向	楊倞
1	勸學	勸學
2	修身	修身
3	不苟	不苟
4	榮辱	榮辱
5	非相	非相
6	非十二子	非十二子　盧文弨曰：「《韓詩外傳》止十子，無子思孟子，此乃並非之，疑出韓非、李斯所附益。」
7	仲尼	仲尼
8	成相	儒效
9	儒效	王制
10	王制	富國
11	富國	王霸
12	王霸	君道
13	君道	臣道
14	臣道	致士

〔註152〕駱瑞鶴：《荀子補正》（武昌市：武漢大學出版社，1997年），頁6。

15　致士　　議兵

16　議兵　　彊國

17　彊國　　天論

18　天論　　正論

19　正論　　禮論　舊目錄第二十三，今升在論議之中，於文為比。

20　樂論　　樂論　卷十四。盧文弨曰：「此卷各本皆無注。」

21　解蔽　　解蔽

22　正名　　正名

23　禮論　　性惡　舊第二十六，今以是荀卿論議之語，故亦升在上。
　　　　　　　　　（筆者注：楊倞把荀卿的論議之語歸為一類。）

24　宥坐　　君子　凡篇名多用初發之語名之，此篇皆論人君之事，
　　　　　　　　　即君子當為天子，恐傳寫誤也，舊在第三十一，
　　　　　　　　　今升在上。

25　子道　　成相　以初發語名篇，雜論君臣治亂之事……舊第八，
　　　　　　　　　今以是荀卿雜語故降在下。

26　性惡　　賦篇　或曰荀卿所賦甚多今存者唯此言也，舊第二十
　　　　　　　　　二，今亦降在下（筆者注：目前所見劉向目錄為
　　　　　　　　　三十二，升在二十六）

27　法行　　大略　此篇蓋弟子雜錄荀卿之語，皆略舉其要，不可以
　　　　　　　　　一事名篇，故總謂之大略也，舊第二十七（筆者
　　　　　　　　　注：目前所見劉向目錄為二十九）。

28　哀公　　宥坐　此以下皆荀卿及弟子所引記傳雜事，故總推之於
　　　　　　　　　末。

29　大略　　子道

30　堯問　　法行

31　君子　　哀公

32　賦篇　　堯問〔註153〕

〔註153〕劉向目錄見〈荀卿新書三十二篇〉，《荀子集解・考證》（臺北市：世界書局，
　　　　2000年），頁504。
　　　　楊倞目錄見《荀子集解・考證》（臺北市：世界書局，2000年），頁1。

　　比較二者目錄順序之後，有數點問題值得衍申討論：其實在劉向的篇目已經有理路雛型可見，依楊倞按語，正文部份至少可先略分為前議論、後雜語兩大類，篇名則可分為初發語與非初發語兩種名篇方式，初發語名篇列於後。將篇目安排成首〈勸學〉末〈堯問〉，背後隱約可見荀子追仿《論語》的用意，可以約略推出荀子寫作由內而外而上溯先王的思路。讓《荀子》的篇章眉目分明、義理得以顯豁，我們該嘉許楊倞重新編排《荀子》書籍順序的價值，他不只校注《荀子》，更透過篇章的安排彰顯荀子的潛在思路。由此我們可以跨越傳訟經年的文字章句真偽之辨，透過篇目順序的角度推測荀子的原始思路，楊倞的貢獻不只是文字校讎，不只是文章編輯，更達到思想義理層面。

　　順著這樣的理路我們是否可以再整理解釋成：荀子重視人為修養，是以追隨《論語》〈學而〉，從〈勸學〉始篇至〈儒效〉皆可視為自我定位與人格昇華的部份。在成己之後，面對當下實際鉅變的經驗世界，所以有〈王制〉、〈富國〉、〈王霸〉、〈議兵〉、〈彊國〉等篇，凡此諸篇最能吸引啟發李斯、韓非等功利為上的後世弟子。在現實世界之上繼續鋪陳自己設計的理想藍圖，如〈天論〉、〈正論〉、〈禮論〉、〈樂論〉、〈解蔽〉、〈正名〉與〈性惡〉，接著與《論語》相似，談孔門弟子，末以〈堯問〉終，與〈堯曰〉呼應，象徵回歸先王之治。所以扣首尾兩端，請問荀學要旨為何？在勸學。所學為何？學堯舜周孔先王。

　　荀子在週遊戰國趙、齊、秦、楚四大區域之後，最後選擇終老聖人故鄉，濡染多年著述以終，如司馬遷所言：「於是推儒墨道德之行事，興壞序列，著數萬言而卒。」〔註154〕展閱《孟子》即見其說梁惠王或齊宣王，氣勢恢宏、格局開闊，《荀子》首篇是連續數篇極其內斂綿密的為學與修養工夫，《論語》的內容其實也是以修身為最大部份，整部著作最後是向孔子、向堯舜的禮讚，寫作順序與周遊時期的路線契合。如果他是一位名學家，這些書籍不是雜纂而成，原書順序應有理路結構可言，由修身而各式議題而先王周孔，此順序應可反映他的思路。

〔註154〕〈孟子荀卿列傳〉第十四，《史記》（臺北市：漢京文化事業有限公司，1981年），頁941。

八、系統脈絡

　　荀子的理性書寫在形式上與墨子頗為類似，墨子十篇自成結構，荀子的文章經劉向、楊倞編輯整理後，篇與篇之關聯性並未如墨子十篇明顯，若以荀子時時吸取前賢精華，進而後出轉精的一貫作風，組織系統架構是他希望引進儒家思考的特色之一。果真如汪中與駱瑞鶴所言，荀子的篇目系統是首〈勸學〉而末〈堯問〉，意在追仿《論語》，那麼借由新誕生的單一議題論述的外在形式，我們可以重新審視荀子自己賦予各個議題的輕重先後，整理原典目錄的順序可推測出他所專注開發的議題，進而重組荀子思想體系。

　　吾人透過原典的目錄標題可見荀子思想層級的呈現，最高層級是篇目，再而章節，再而句，再而字，如果文不成篇也許就不是荀子最關懷的重點，在篇目背後我們可以順勢抉發荀子思想結構的底蘊。這個層級一定立便是意義的位階，高層意義需重視，低層意義需考慮，某些重要議題雖然成段未成篇，也應該以成篇為單位給予適當位置。意義位階定立的優點在於對原典有全視野與全面掌握，如此一來在論述荀子思想便不易流於斷章取義，可不引為絕對唯一的標準，但宜於視為相對參考標準。

　　準此詮釋層級來觀察荀子的思想體系，並對照目前學界的研究，成果會更明顯。例如學界討論荀子早期大多集中在〈性惡論〉，其後有形上範疇的〈天論篇〉、倫理學範疇的〈禮論篇〉，認識論的〈解蔽篇〉，邏輯的〈正名篇〉，然而篇首的〈勸學篇〉常置於附屬位置，但若從目錄所列議題先後的順序看來，則篇首〈勸學篇〉必佔一席重要地位，而非如目前的研究成果只側身於應用哲學之教育哲學，事實上即使反對荀子〈天論篇〉、〈性惡篇〉的前輩，也不會反對〈勸學篇〉對於學習的殷殷告誡。如果這樣的解釋不算唐突荀子，〈天論篇〉、〈禮論篇〉與〈性惡篇〉安排在勸學修身之後，〈禮論篇〉甚至排在〈樂論篇〉之後，此間順序是有意義可言，我們不一定要更動目前學界重視〈天論篇〉、〈禮論篇〉、〈性惡篇〉的事實，但是在荀子的原始設計中〈勸學篇〉、〈修身篇〉與堯舜先王等的議題應受同等看待。

　　如果換另一個角度來看原典的系統，以概念名篇的角度來分析原典，則《荀子》可再往下分為三類：第一類為理路謹嚴，無需大異動即宛然成章，第二類為有理路，稍事整理可見出原貌，第三類為有主題，理路稍嫌零亂，經過調整也未必浮現章法，屬於備忘筆記。第一類如〈勸學篇〉、〈非十二子篇〉、〈富國篇〉、〈君道篇〉、〈臣道篇〉、〈正論篇〉、〈樂論篇〉，其中佳作為〈解

蔽篇〉。第二類有理路但尚待調治者為：〈儒效篇〉、〈王制篇〉、〈王霸篇〉、〈議兵篇〉、〈彊國篇〉、〈天論篇〉、〈禮論篇〉、〈性惡篇〉。〈非相篇〉、〈正名篇〉與〈子道篇〉寫作主軸不一。第三類為〈修身篇〉、〈榮辱篇〉、〈致士篇〉。就編輯的角度來看：第一類名內篇最易成章，第二類名外篇稍事調整即可，第三類名雜篇只能保留現況。

以前文的爬梳作基礎，筆者嘗試鋪排荀子的義理架構，〈解蔽篇〉是公認的佳構，扣住〈解蔽篇〉結合全篇目錄，暫且擱置雜篇，將論理分內外兩大部份。我們是否可以解釋成：由〈解蔽篇〉看來荀子重視主體之內在調理，故集〈正名篇〉、〈性惡篇〉與〈勸學篇〉四篇以說荀子認知主體之內聖結構，是為荀子理論上之內篇；在認知主體之內聖結構得一調理之後，由目錄之以類相從約略可見由修身而治國的順序，是以提出〈儒效篇〉、〈子道篇〉、〈非十二子篇〉、〈富國篇〉、〈禮論篇〉、〈樂論篇〉、〈天論篇〉諸代表篇章以彰顯其修身、齊家、治國、理天地的潛在脈絡。凡此內、外兩部將於第三章荀子的內聖思想，及第四章荀子的外王思想繼續申論。

由前文探討，可了解荀子所謂理性書寫的定義以及理性書寫的特色。其理性書寫的特色見於有明顯的寫作企圖、字斟句酌、行文出現論證、以主題概念名篇以及脈絡中有內聖外王的雛型。

有關本文所選取的討論篇章，有三點可補充說明：第一，筆者選取〈解蔽篇〉、〈正名篇〉、〈勸學篇〉、〈樂論〉、〈天論〉諸篇為討論重點，主要以原典的理路是否清通為準，詳見前文一路以來的討論，對於全書章節段落的整理成果，則請見附錄〈荀子原典重整〉，〈荀子原典重整〉為筆者原典討論的基礎。第二，除了本節一直以來所討論的原典理路之外，另外選取〈性惡篇〉、〈儒效篇〉、〈禮論篇〉三篇，此三篇也許字面理路沒有前述五篇那麼謹嚴清暢，然此三項議題自有內在義理，對於後世多所啟發、影響深遠，是以仍然列入討論範圍。第三，筆者了解若以理路清通而言，原典可資討論的段落所在多有，例如〈非十二子篇〉：以主題名篇。本文分前後兩大主軸：一、非十二子，二、如何以禮義兼服天下，理路尚稱嚴密。〈王制篇〉：主題名篇。內容豐富但類筆記，有理路，惜不甚嚴密。〈富國篇〉：主題名篇。正反立論，應是為駁墨子而起。末二段「凡攻人者，非以為名，則案以為利也，不然則忿之也」、「持國之難易」與全篇主旨不相符，疑為〈王霸篇〉或〈彊國篇〉之錯簡。〈君道篇〉：主題名篇。有理路，談為君之自修為治道之源、君需愛

民與任用賢相。〈臣道篇〉：主題名篇。有理路，論人臣等第，爲國君說法，也爲人臣說法。〈議兵篇〉：主題名篇。雖弟子所作仍有理路。〈彊國篇〉：主題名篇。雖弟子所作仍有理路，「子發將西伐蔡」一段疑爲錯簡。〈正論篇〉：主題名篇。有理路，批評世俗與諸子之論。凡此諸篇皆爲戰國時期十分有代表性的議題，內涵豐富，然筆者仍以上言八篇爲主，一方面此八篇已足可勾勒荀子思想的基本輪廓，涵蓋其餘，未入選的篇章，某些罕爲學界所論，筆者亦思網羅，惜因篇幅、學力與時間所限，靜待他日。〔註155〕

貳、理性書寫的推展

澄清荀子的理性書寫，我們可以進一步討論相關議題，例如原典的文字與段落，真僞與分期問題。

一、重整原典的文字

目前所見荀子原典因夾雜弟子言論，流傳版本眾多，數易編輯之手及年代久遠之故，不可否認其間有傳鈔訛誤、凌亂失序的文字。荀子的理性書寫來自他的名學思維與寫作企圖，展現在書寫形式可見用字精確、主題概念名篇、論證綿密，可以此推出背後有系統架構。準此，筆者將原典做一爬梳，見附錄〈荀子原典重整〉。

整理原典時出現多處以段落爲單位的錯簡，情況有兩種：一、文義與原典前後段落相類之錯簡。可以推測在編纂之時因主編輯之事者處理太多版本，在刪削安排之餘一時誤植，才有眾多前後文不一致的狀況，只能解釋爲誤置篇章或者各版本間的重出文字。二、錯簡爲文義與原典前後段落不甚相類，則疑爲後人所植。凡此情況在引用原典之時皆需小心分辨。回復荀子原典的文字脈絡，希望義理研究能有一穩固的詮釋基礎。

二、探討原典的真僞

研究荀子書籍的真僞問題前後歷經三個階段：第一個階段以楊倞與王先

〔註155〕唐君毅在《中國哲學原論・原道篇》討論荀子成人文統類之道，廣泛引用荀子各篇，例如：〈天論篇〉、〈解蔽篇〉、〈儒效篇〉、〈非十二子篇〉、〈勸學篇〉、〈修身〉諸篇、〈王制篇〉、〈富國篇〉、〈王霸篇〉、〈君道篇〉、〈臣道篇〉、〈致士篇〉、〈彊國篇〉，最後以〈禮論篇〉與〈樂論篇〉總結。（臺北市：臺灣學生書局，1986年），頁437～505。

謙爲代表，開始對原典某些篇章的著者產生懷疑；第二個階段主要以胡適〔註156〕、楊筠如〔註157〕、張西堂〔註158〕爲代表，秉持考據態度分析各篇眞僞，以爲荀子本人所著僅有數篇，劉道中〔註159〕雖然時間稍後於諸子，立場卻更爲激進，指稱《荀子》全書皆是剽竊之作；第三階段以龍宇純〔註160〕、廖名春與佐藤將之爲代表，龍宇純詳細比對第二階段諸位學者，尤其是張西堂的意見，經過一番繁複的辯論，三人結論皆同，從思想角度而不從考據角度，以爲全書全眞無僞。

目前所見《荀子》的面貌，作者可能包含荀子本人、後學弟子以及歷代的編纂者如劉向與楊倞，是以名稱不宜爲荀子研究，或應稱爲荀學。關於《荀子》的眞僞，此處暫不稱眞僞，只分《荀子》文字之精純與駁雜。筆者以爲在考據之時，文字考證是基本功夫，除此之外尚可補入以下四個觀點：

（一）以單一觀念作爲篩選標準

荀子的文章組成與孔孟不同，孔孟爲語錄體，至荀子的敘述風格漸漸湧現有概念名篇的形式，以大家公認《荀子》較爲精審的篇章大部份是以單一概念主題名篇，〈勸學〉、〈儒效〉、〈富國〉、〈君道〉、〈臣道〉、〈議兵〉、〈彊國〉、〈天論〉、〈禮論〉、〈樂論〉、〈解蔽〉、〈正名〉、〈性惡〉等篇，可以作爲判斷基準；以初發語名篇者相對筆力較弱，例如〈君子〉以後諸篇。

（二）以義理境界作爲篩選標準

〈勸學〉、〈王制〉、〈富國〉、〈王霸〉、〈君道〉、〈臣道〉、〈天論〉、〈禮論〉、〈樂論〉、〈解蔽〉、〈正名〉、〈性惡〉諸篇皆爲精采之作，即使不是荀子原著，亦值得深入探討。某些文字在思想深度上明顯可見參差，不如遠甚。龍宇純與廖名春的說法以縝密的論述試圖證明全書皆眞，由思想史的角度可以理解，但不可忽略，撇開專業考證，荀子原書以常識而論便有一些文字訛舛之處，有些論理荒謬之處，實在不宜曲爲迴護。以〈仲尼篇〉而言，讓我們回顧前文第二章所討論荀子的生平，荀子慣常秉孔子春秋褒貶精神，對於君主人臣給予峻切嚴屬的品評，例如以權謀立而亡說齊湣王：「及以燕趙起而攻

〔註156〕胡適：《中國古代哲學史》（臺北市：臺灣商務印書館，1982 年），頁 26。
〔註157〕楊筠如：《荀子研究》（臺北市：臺灣商務印書館，1968 年），頁 131～137。
〔註158〕張西堂：《荀子眞僞考》，臺北市：明文書局，1994 年。
〔註159〕劉道中：《荀況新研究》（桃園縣，1995 年），頁 1～39。
〔註160〕龍宇純：《荀子論集》（臺北市：臺灣學生書局，1987 年），頁 25～53。

之，若振槁然，而身死國亡，爲天下戮，後世言惡，則必稽焉，是無他故焉，唯其不由禮義而由權謀也。」見〈王霸篇〉；田單復國爲後世傳誦，在荀子的眼中只被視爲盜兵，見〈議兵篇〉；而司馬遷所讚歎的君王后，荀子則嗤之爲「女主亂之宮」（王霸篇），如此明於王霸之辨、一心只想恢復堯舜之治的戰國大儒，怎可能以寵爲尊，驗之「持寵、擅寵」數語大約可思過半矣。

　　主題名篇多爲荀子自撰，取篇首爲題大約爲弟子或後人補入成份較高，這是基本的檢別標準。有些文章雖然尙不成篇，但以其本身的義理層次境界之高，我們亦可以推測爲眞，例如〈不苟〉諸篇談修身之處，例如〈大略〉篇談善易者不卜的部分，皆是精純處，未易輕棄。

　　（三）以文字優劣爲篩選標準

　　以概念名篇者文字章法大多比初發語名篇者綿密深厚，讀者試比較篇首〈勸學〉與楊倞列爲雜語之〈大略〉兩篇，高下立判。〈勸學篇〉一篇理路頗爲清暢，只需稍微重新調整即可通讀。第一段爲全篇總綱。第八、九、十、十一段接第二、三、四、五、六段，談爲學的方法。第八段主要談爲學需內化，段末「故不問而告謂之傲，問一而告二謂之囋。傲、非也，囋、非也；君子如嚮矣。」移至第十一段談問學之道。〈大略篇〉有類札記。

　　（四）以論證理路作爲篩選標準

　　原典經過劉向編輯，目前所見《荀子》原典其中論證理路不甚整齊清暢的錯簡俯拾即是，如〈修身〉、〈不苟〉、〈榮辱〉、〈非相〉、〈非十二子〉、〈儒效〉、〈致士〉、〈天論〉、〈禮論〉、〈解蔽〉、〈君子〉諸篇，似乎仍留有當年編排割裂的痕跡。但是只要重新清理文章脈絡仍可爲研究荀子之資。〈成相〉至〈堯問〉諸篇，筆者同意楊倞的編輯原則，以其爲荀子雜語故序列於後。

三、釐清分期問題

　　重整原典的文字、探討原典的眞僞之後，接下來可以此爲基礎，參酌中外前輩的研究成果，嘗試處理荀子著作的分期問題。所言嘗試者，意指此處所推測只爲整理學界階段性的心得，不是最終眞實，若學界有更進一步的原典解讀或史料文獻，自然出現不一樣的分期。在荀子原典之中明顯存有一些文字或理論上的矛盾，John Knoblock、廖名春、佐藤將之試圖把荀子的內容分期以梳理這些矛盾。John Knoblock 在分析荀子著作年代時很詳細審愼分爲

六期〔註161〕，卻仍有些許疑點：一、〈彊國篇〉分別出現於早期、遊秦與遊趙三個時期，而〈樂論篇〉既作於稷下時期又見於遊秦階段，如果是意指本篇經沿途漸次醞釀，那麼只需記錄完成於何時即可，多處重出需做說明。二、某些篇章安排似乎不甚合理，例如〈仲尼〉、〈彊國〉、〈正論〉、〈解蔽〉諸篇重要論著皆置於早年作品之列，對於荀子基本生平似乎未能瞭解掌握，以〈解蔽〉而言，是為學界公認思想成熟之作，不太可能出於早期。〈彊國篇〉有「荀卿子說齊相」以及「應侯問孫卿子」諸語，應由弟子執筆，如果荀子有原稿，亦為壯年遊秦、遊齊後動筆。另外為何將〈成相篇〉視為荀子臨終之作，不知原因為何。以上諸項 John Knoblock 皆可再三斟酌說明，不過求全之餘，亦需珍惜 John Knoblock 這位域外學者開創分期風氣之功。

廖名春接著將寫作順序分成三期，第一期只有一篇〈不苟〉，其他作品主要集中在第二期居稷下與第三期居楚時期〔註162〕，對照本文第二章所整理的荀子生平，由 John Knoblock 至廖名春，可見著作分期的安排漸漸趨近史料研究成果。

熟悉荀子生平蹤有助於著作分期，且依前文第二章荀子生平研究，筆者以為荀子著作不只可以分期，尚可再往下推測著作區域。

（一）第一期趙國時期

由史料得知，荀子為周文王後裔，身為貴族、系出名門。趙國在荀子的青少年時代由武靈王執政，勵精圖治，率領全國上下抵禦匈奴與鄰國入侵，至少不是一位昏君。就思想層面而言，三晉是法家思想的搖籃。但由荀子離趙看出他並沒有選擇武靈王，也沒有選擇法家搖籃。原典中沒有專篇討論法家的相關概念，例如韓非有〈定法篇〉之類，法這個概念在他的原典中只有零星討論涉及。他選擇前往齊國。

（二）第二期齊國時期

稷下學術風氣濃厚，荀子在此三為祭酒，擔任學界領袖。品評當時戰國學界的代表作如〈非十二子篇〉，要熟知十二子方能非之，荀子之觀點至今仍為後學傳誦，可見其精審，排拒陰陽五行的〈天論篇〉，回應墨家的〈禮論篇〉、〈樂論篇〉，約是醞釀於此時之作。〈勸學篇〉應是總結荀子在稷下豐富的教

〔註161〕 John Knoblock, "The Chronology of Xunzi's Works." *Early China* 98, 1982. pp.46.

〔註162〕 廖名春：《荀子新探》（臺北市：文津出版社，1994年），頁87。

學經驗，也只有在學風鼎盛的稷下，才允許荀子對經學有完整的傳承與描述。

（三）第三期秦趙時期

荀子訪秦、趙可以看成他帶著學說開始面對實際政治社會的考驗。中年遊秦、遊趙在〈彊國〉、〈議兵〉、〈儒效〉諸篇文中皆清楚敘述時代背景，應為荀子後學所記。韓非重視眼前的富國強兵，荀子原典有專篇論及〈富國〉、〈彊國〉與〈議兵〉篇，但他更重視虛壹而靜、化性起偽、勤勉向學以及能帶來長治久安的禮樂教化。筆者以為〈性惡篇〉或是此時所做。孟子性善之說，內外義理已經十分通透，荀子久居稷下，三為祭酒，應是熟知孟學，為何要改弦更張另著〈性惡〉篇，以原典所見論之，內則有感於儒學凋零，外則有見於戰國時期燕齊與長平諸多戰役，回過頭來修改儒家人性論，加強儒家對於內部、對於當代實況的解釋效力。

（四）第四期楚國時期

荀子晚年居魯國舊地，是一處良好的寫作環境。〈禮論〉、〈樂論〉或許在前兩個階段蘊釀，在此時沉澱潤飾，最後向先王周孔致敬。〈解蔽篇〉談虛靜，是為道家重要的專有名詞，荀子引而用之，尚且自出機杼改成儒家人文建構式的虛靜，見解極為精到，或是居稷下時與諸子議論時所醞釀，居南方楚國受道家啟發而寫，文字與章法皆謹嚴，是學界公認的佳作。

參、小結

荀子的理性書寫異於孔孟之處在於開始有寫作企圖，其正名思想來自孔子，寫作形式與《墨子》類似。由原典所見的特色是用字精確、論證綿密、以主題概念名篇以及可推出完整的系統架構。

清晰的概念貫串在荀子的寫作形式之中，形諸原典即是注重遣詞用字。荀子說理罕用對話或寓言，主要以論證為主，論證方式有立論、推論與駁論，三者靈活穿插運用。全書以主題概念名篇，篇名以兩字為主，多經斟酌，饒富深意。瀏覽《荀子》一書的篇名，透過這些主題概念可以管窺他在戰國末年所希望討論的議題。重整這些議題，我們可以嘗試推出原典首〈勸學〉而末〈堯問〉的形式意在尊孔。《荀子》目前所見的版本因歷代傳鈔之故，文字段落混亂，造成解讀歧異。我們準理性書寫的特色，可以重新安排《荀子》的文字，可以嘗試對真偽問題置一詞，綜合前章所訂的荀子生平可以對於著

作分期問題再作探討。文字梳理清楚的原典約可劃分爲內外兩部，可鉤沉索隱得出荀子潛在內聖外王的系統。他以一隻冷靜清晰的筆，往內探討內在心理，往外剖析當代重大議題，往上安排天地宇宙秩序，往前緬懷周孔先王，往後爲未來的人類留下一幅禮樂文明的理想藍圖。文字是語言的記錄，在荀子的原典皆可以得到印證，他以語言文字鑄造新世界。前文提及大室幹雄所說荀子透過語言締造世界觀，至此可得印證。

　　本章花費篇幅考訂荀子年譜與著作，原是希望在進行義理討論之前，能取得相對精確的文獻基礎，第三章便著手探討荀子的內聖外王思想。

第三章　荀子的內聖思想

　　順著前文的爬梳，筆者嘗試鋪排荀子的義理架構，扣住眾家公認為荀子原著的〈解蔽篇〉並結合全篇目錄，暫且擱置雜篇，將論理分內外兩大部份。我們可以解釋成：由〈解蔽〉來看荀子重視知性主體之內在調理，故集文字較為精審的〈正名篇〉、〈性惡篇〉與〈勸學篇〉四篇以說荀子知性主體之內聖思想，是為荀子理論上之內篇；在知性主體之內聖思想得一調理之後，由目錄之以類相從可見由修身而治國的順序，〈儒效篇〉、〈子道篇〉、〈非十二子篇〉、〈富國篇〉、〈禮論篇〉、〈樂論篇〉、〈天論篇〉有修身、齊家、治國、理天地的潛在脈絡，然本文以〈儒效〉、〈禮論〉、〈樂論〉、〈天論〉四篇為主，一因篇幅所限，一因此四篇具體而微，可見梗概。凡此內、外兩部將於第三章荀子的內聖思想，及第四章荀子的外王思想申論。

　　荀子不只有內聖思想，其內聖思想尚且存在一個架構，這個架構有四點可說：首先，〈正名篇〉所見是此一架構的橫向開展。治荀者常言化性起偽，本文自荀子〈正名〉諸篇整理出「性、情、欲、心、慮、知、能、偽」一系列概念，以為輔助「化性起偽」之說明。第二，本能性情是荀子內聖結構橫向系列的起點，人為之偽是橫向系列的終點，在起點與終點中間須有一沉澱，即由耳目感官而心知意識的淨化，此即荀子解蔽虛靜以返清明的工夫之所在。第三，在虛壹而靜的究竟清明之外，荀子的另一道工夫見於〈性惡篇〉，由概念而言〈性惡篇〉重點在談化性起偽。善不能停留在潛能狀態，必須是付諸實踐的人為之偽，才是善的完成。第四，由概念而言是化性起偽，落實在人間，由教化而言是勸勉為學，全面看來〈勸學〉正居於此一內聖結構之

關鍵樞軸。以上四項內聖修爲工夫自聖人以至於庶人百姓皆然。眾人與聖人相距不遠，天生性情相同，差別在於能積偽者爲聖人，不能積偽者爲眾人，聖人積偽可成就禮樂文明。

　　茲簡單圖示如下：

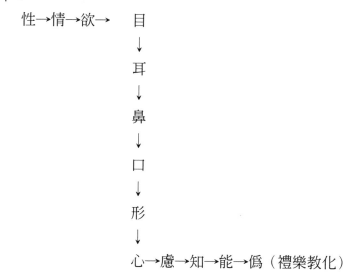

後文將詳細解說。

第一節　由〈正名篇〉看荀子內聖思想的橫向開展

　　何謂荀子內聖思想的橫向開展？荀子談化性起偽，〈正名篇〉出現一系列概念：性、情、欲、心、慮、知、能、偽，可以與化性起偽相輔相成。本文以〈正名篇〉爲主，〈天論篇〉、〈禮論篇〉爲從，逐一討論諸概念與彼此關聯，希望能豐富性、偽之間的內涵，有助於了解荀子的心性思想，筆者名之爲荀子內聖思想的橫向開展。

　　爬梳文本脈絡，有益於闡揚〈正名篇〉的義理。〈正名篇〉的理路比他章謹嚴，故在詮釋荀子思想時可信度較高，原稿應是章法綿密，可惜因傳抄編排不善，目前順序需要稍事調整，全篇始能通讀。〈正名篇〉全文可以分爲四段，首段論古今制名的情況，次段論制名的原因、名何以同異及制名的原則，第三段論正名辨惑以名道，談三惑皆由亂名實而起，故君子需詳「實、喻、命、期、說、辨」以正之，如果辨說得正，則可不用擔憂他人之言，君子之名辭爲志義之使，愚者反是。第四段暢談道、心、欲三者的關係，可與第一

段陳述性情的部份合併討論。李滌生以爲本段於道、心、欲三者論之最詳，
建議與〈解蔽篇〉合閱，更能彰顯文意。〔註1〕

壹、〈正名篇〉所見由性而僞諸觀念

論荀子者常言化性起僞，然而在性與僞之間尚可補充豐富內容，閱〈正
名篇〉得一系列概念：性、情、欲、心、慮、知、能、僞，這組概念有完整
清楚的定義、概念與概念之間互相有關聯，並且形成由天生本能拾級而上人
爲文明的歷程：

> 散名之在人者：生之所以然者謂之性；性之和所生，精合感應，不事
> 而自然謂之性。性之好、惡、喜、怒、哀、樂謂之情。情然而心爲之
> 擇謂之慮。心慮而能爲之動謂之僞；慮積焉，能習焉，而後成謂之僞。
> 正利而爲謂之事。正義而爲謂之行。所以知之在人者謂之知；知有所
> 合謂之智。智所以能之在人者謂之能；能有所合謂之能。〔註2〕

本篇是荀子的正名思維與心性討論兩相結合的示範，所欲正之名由夏、商、
周，散名、刑名、爵名、文名，自遠而近，由外而內，鉅細靡遺。

多位學者在此段文意中發現有詮釋空間，並已進行各種嘗試。例如楊筠
如《荀子研究》稱荀子的心理學在古代哲學之中爲首屈一指，並可以分兩部
分，一爲對於心理學的全體分析與其各種關係的解釋，二爲對於心的內容與
作用的考究。對於心理學全體分析之中，重要的名詞有性、情、欲、心、慮。
此處又可分兩部分，性情欲是性的表現，心與慮是心的作用，兩者的關係是
以心來節性。〔註3〕

陳大齊在《荀子學說》〈第三章心理論〉指出，本段論「性、情、慮、
僞、事、行、知、能」，可以推得荀子思想中具有心理作用的成分，並試圖
對經典作個人的疏解。「性」是能夠產生好、惡、喜、怒、哀、樂等反應的
狀態，「情」則是好、惡、喜、怒、哀、樂的現實活動。「慮」乃是兩個以
上的動機競欲實現時，理智作用加以審察選擇以決定去取，屬於理智層面。
「僞」有當於利爲「事」，「僞」有當於義曰「行」，此兩者是「僞」的細目。
荀子之「知」與「能」皆就作用與結果而言。除此八個關鍵字之外，陳大

〔註1〕李滌生：《荀子集釋》（臺北市：臺灣學生書局，1979年），頁535。
〔註2〕《荀子集解・考證》（臺北市：世界書局，2000年），頁379～380。
〔註3〕楊筠如：《荀子研究》（臺北市：臺灣商務印書館，1968年），頁50～52。

齊尚且補入「欲」與「志」合併討論，並歸納出「性」、「知」、「能」爲荀子心理作用的主要三個成分。〔註4〕

伍振勳對本段文字諸項觀念亦有言及，內容與楊筠如、陳大齊略有不同，然自成體系，他指出心要在「性、情、慮、僞」的活動結構中發揮作用，並指出「血氣」、「志意」、「思慮」爲心之活動的一體三相。〔註5〕

域外韓國學者金勝惠則認爲，在荀子所提示的人性構造之中，存在著「欲」、「知」、「能」三個側面，荀子將每個側面析分爲可能態（Potentiality）與現實態（Actuality）的雙重構造。其構造爲「狹義的性（欲）：廣義的性（欲、知、能）」；「認知能力（知）：認知結果（智）」；「行爲能力（能）：行爲結果（能）」，而「性僞之合」是人類由可能態向現實態轉移的努力，並主張此一修養論方是荀子思想的中心。〔註6〕

四位解釋各有巧妙之處，對於筆者撰寫本文多有啓發。楊筠如提出「性」、「情」、「欲」、「心」、「慮」，陳大齊提出「性」、「知」、「能」，伍振勳曰「性」、「情」、「慮」、「僞」，金勝惠主「欲」、「知」、「能」，筆者踵繼前賢試圖重組「性」、「情」、「欲」、「心」、「慮」、「知」、「能」、「僞」之間的關聯性，希望有助於進一步了解化性起僞及荀子的內聖思想。

一、性

性、情、欲、心、慮、知、能、僞諸字當中，「性」字在先秦的論述中有一悠久的詮釋歷史，人類天生的感性本能在此時已經開始討論。〔註7〕傅斯年廣收甲骨文與金文等文字資料，主張「性」字出於「生」字，「生」字爲「性」字之本義，並逐項考證在《周誥》、《詩經》、《左傳》、《國語》、《論語》、告子、《孟子》、《荀子》、《呂氏春秋》所見之「性」字皆爲「生」字。〔註8〕果如傅

〔註4〕 陳大齊：《荀子學說》（臺北市：中國文化大學出版部，1989年），頁38～43。

〔註5〕 伍振勳：《荀子「天生人成」思想的意義新探》（清華大學中文研究所博士論文，2005年），頁39～43。

〔註6〕 金勝惠：《原始儒教》（漢城市：民音社，1990年），頁237。

〔註7〕 許慎釋「性」曰：「人之陽氣性，善者也，从心，生聲。」《說文解字注》（臺北市：藝文印書館，1979年），頁506。許慎之漢代訓詁染有戰國末年陰陽五行的色彩，已非性字的本義，參見王師初慶：《漢字結構析論》（北京市：中華書局，2010年），頁93。

〔註8〕 傅斯年：〈性命古訓辨證〉，《傅斯年全集》第二冊，臺北市：聯經出版事業公司，1980年。除了訓詁之外，傅斯年也從研究方法的角度強調訓詁對於闡明思想的重要性。

斯年所言，那麼「生」字的意義為何呢？金師祥恆以甲骨文為主，整理出「生」字有四義：第一，生可作為生育之生；第二，生，活也；第三，生為姓字；第四，生為來也。〔註9〕許慎在《說文解字》釋「生」字曰：「生，進也。象艸木生出土上，凡生之屬皆從生。」〔註10〕「生」字的解釋脈絡慢慢顯現。徐復觀在《中國人性論史》第一章談「生」與「性」，便是順著這道解釋脈絡為寫作緣起，他以為按現在可以看到有關「性」字早期的典籍加以歸納，「性」字之原義，應指人生而即有之欲望、能力等而言，有如今日所說之「本能」。春秋時代許多性字，以及告子與荀子對性的解釋皆順此本義而來。〔註11〕

　　回到《荀子》在〈正名篇〉所言：

　　　　生之所以然者謂之性；性之和所生，精合感應，不事而自然謂之性。

王先謙以為「性之和所生」應讀為「生之和所生」：「性之和所生，當作生之和所生，此生字與上生之同，亦謂人生也，兩謂之性相儷，生之所以然者謂之性，生之不事而自然者謂之性，文義甚明。」楊倞注「精合感應」為「精合謂若耳目之精靈與見聞之物合也，感應謂外物感心而來應也」。〔註12〕《荀子》論性之處甚多，這是原典對於「性」字比較完整的解釋，簡要說來即是以天生自然的本能來談性，字形相同，但是字義卻與孟子由人獸之異、人的先天超越處談性，取徑有別。荀子在齊三為祭酒，對十二子瞭若指掌，理應了解孟子性善說的優越之處，了解孟子學說，也運用了「性」字之形，但意義內涵不同，我們可以解讀為荀子想要延續此一論性傳統，但開展不一樣的討論視野。

〔註9〕　金師祥恆：〈釋生〉，《中國文字》第五冊，臺北市：國立台灣大學文學院古文字學研究室，1961年。

〔註10〕　《說文解字注》（臺北市：藝文印書館，1979年），頁276。

〔註11〕　徐復觀：〈第一章生與性——中國人性論史的一個方法上的問題〉《中國人性論史先秦篇》，臺北市：臺灣商務印書館，1988年。另外在方法上，徐復觀提醒：從思想史的立場來解釋字，只能由它的上下文來加以決定：只能從一個人的思想，從一部書的內容，用歸納的方法來加以決定。用歸納方法決定了內容以後，再由內容的涵蓋性，以探索其思想的內在關連。由內容與內容的比較，以探索各思想相互間的同異。歸納的材料愈多，歸納得愈精密，我們所得的結論的正確性愈大。參見徐復觀，〈第一章生與性——中國人性論史的一個方法上的問題〉《中國人性論史先秦篇》（臺北市：臺灣商務印書館，1988年），頁12。傅斯年的訓詁與徐復觀注意前後文脈這兩種方法皆有益於詮釋荀子的思想，是以本文交互使用。

〔註12〕　《荀子集解‧考證》（臺北市：世界書局，2000年），頁380。

當代學界諸君對於荀子論性、情多有詳審分析，例如梁濤從「生之謂性」的傳統來看這兩句定義，他以為這兩個「性」字可以細分出兩個層次：

> 前一個定義下的性，前面已經說過，是從生理現象推進一層，是求「生之所以然」的根據，實際是理。不過它不是道德仁義之理，而是自然之理，是事物的形構之理。後一定義下的性，則是前一種性的作用和表現，是從生理現象以言性，故「性之和所生，精合感應，不事而自然謂之性」中的前一個性，是「生之所以然謂之性」的性，是作為生之根據和原因的性；後一個性則是前一個性「所生」，也就是前一個性的作用和表現。〔註13〕

梁濤分析此「性」字不是倫理道德之理，而是自然之理、事物的形構之理，以及由形構之理所衍生生理現象的作用與表現。徐復觀談荀子的人性可以分為四類：官能的欲望、官能的能力、性的可塑性以及本始材朴，後面這一點是「無性，則偽之無所加」的基底，徐復觀並指出荀子重視「性者，天之就也」，不重視「生之所以然」的性。〔註14〕筆者在後文的討論以本能義為主，交插引入徐復觀諸君的細膩分析。

二、情

荀子在「性」字之後，接著定義「情」乃與「性」相應之好、惡、喜、怒、哀、樂，指由天生本能之性所外發的各種情緒，由此可見人類的本能情性在此被正視，荀子並從中觀察性情各種樣態差異：

> 性之好、惡、喜、怒、哀、樂謂之情。〔註15〕

楊倞注曰：「人性感物之後，分為此六者謂之情。」Donald J. Munro 運用甲骨文、金文諸多史料，曾向董作賓請益，對「性」與「情」二字進行詳細整理。他以為儒家論「情」有三義：一、為實情之義；二、與「性」相同

〔註13〕 梁濤：《郭店竹簡與思孟學派》（北京市：中國人民大學出版社，2008 年），頁 324～325。

〔註14〕 徐復觀：《中國人性論史》（臺北市：臺灣商務印書館，1988 年），頁 230～231。張亨，〈荀子對人的認知及其問題〉，《文史哲學報》第 20 期（1971 年），頁 180～205。陳禮彰：《荀子人性論及其實踐研究》（師範大學國文研究所博士論文，2009 年），頁 55～58。

〔註15〕 《荀子集解・考證》（臺北市：世界書局，2000 年），頁 380。許慎釋「情」曰：「人之陰氣有欲者，從心，青聲。」有陰陽五行的說法，但也以欲說情。《說文解字注》（臺北市：藝文印書館，1979 年），頁 506。

有生之義；三、「也有與人的組織結構有關的感情的意思」。〔註16〕陳昭瑛
曾為文檢視孔、孟、荀三家如何論「情」字，她以為荀子承繼孔、孟的「實
情之情」與「性情之情」，並自行開發具有「道德主體內涵」的情以及具有
「美學內涵」的情，她非常推崇〈禮論篇〉一文的情文對舉，以為是先秦
儒家在美學上的突破，而〈正名篇〉此處所說的喜、怒、哀、樂，正是陳
昭瑛所言情文對舉之「情」的感性本能基礎，〔註17〕這是一個管窺荀子思
想或說先秦思想的別致面向。

三、欲〔註18〕

《荀子》定義「欲」為「情之應也」，在〈正名篇〉第一段討論性與情，
第四段出現性、情、欲三個概念的相互關聯：

> 性者，天之就也；情者，性之質也；欲者，情之應也。以所欲為可
> 得而求之，情之所必不免也。以為可而道之，知所必出也。故雖為
> 守門，欲不可去，性之具也。雖為天子，欲不可盡。欲雖不可盡，
> 可以近盡也。欲雖不可去，求可節也。所欲雖不可盡，求者猶近盡；
> 欲雖不可去，所求不得，慮者欲節求也。道者進則近盡，退則節求，
> 天下莫之若也。〔註19〕

荀子客觀分析性、情、欲的特色及彼此的關係：性是天生如此的本能，情
是本能的材質即情緒，欲是與情呼應的欲望，本能、情緒與欲望三者之間
由源而流環環相扣，天子與庶民無有分別，本能、情緒與欲望皆是與生俱
來，以欲望而言，他並未譴責或貶抑，平心看待，採取人性化的調理：宜
近盡、宜節求、宜疏導。楊倞注曰：「道謂中和之道，儒者之所守也，進退
亦謂貴賤也，道者，貴者可以知近盡，賤則可以知節求，天下莫及之也。」
〔註20〕

〔註16〕 Donald J. Munro：《早期中國「人」的觀念》（北京大學出版社，2009年），頁69～73。
〔註17〕 陳昭瑛：〈「情」概念從孔孟到荀子的轉化〉，《法鼓人文學報》第2期（2005年12月），頁25～39。
〔註18〕 許慎解「欲」曰：「貪欲也，從欠，谷聲。」《說文解字注》（臺北市：藝文印書館，1979年），頁415～416。
〔註19〕 《荀子集解・考證》（臺北市：世界書局，2000年），頁393～394。
〔註20〕 《荀子集解・考證》（臺北市：世界書局，2000年），頁394。

四、心

前言性、情、欲三者約屬於感官經驗的範圍，以下所論的慮、知、能則屬於理性思維的部分，心是居中的環鍵。〔註21〕原典第四段談性、情、欲的部份，扣住心、治亂與正道深入發揮：

> 凡語治而待去欲者，無以導欲而困於有欲者也。凡語治而待寡欲者，無以節欲而困於多欲者也。

楊倞注曰：「凡言治，待使人盡去欲，然後為治，則是無道欲之術，而反為有欲者所困。」「若待人之寡欲然後治之，則是無節欲之術，而反為多欲者所困，故能導欲則欲自去矣，能節欲則欲自寡矣。」〔註22〕由本段可見，以荀子的立場而言，對於欲望他贊成導之節之，不贊成去欲寡欲。

> 故欲過之而動不及，心止之也。心之所可中理，則欲雖多，奚傷於治？欲不及而動過之，心使之也。心之所可失理，則欲雖寡，奚止於亂？故治亂在於心之所可，亡於情之所欲。〔註23〕

欲是天生自然，人能求而從所可存於一心，由此提出心的關鍵地位，由此提出心與治亂的聯繫，內聖之心中理，有助於外王之治，內聖之心為外王之道的基礎。耐人尋味的是荀子以為如果人心之所可中理，欲雖多亦無傷於治，如果人心之所可不中理，欲雖寡也無補於亂象。所以在〈正名篇〉中對於欲所持的態度與解決之方，非壓抑隱藏，而是正視觀察，然後調理與化導。由上亦得知，能可的理性之心在治亂之間扮演關鍵角色。楊筠如便說：「他的性惡論，假使沒有這個心來補救，就很難圓滿。」〔註24〕心能權衡取捨，而取捨的標準在於道：「道者，古今之正權也；離道而內自擇，則不知禍福之所託。」〔註25〕道為古今之正權，若以道為權衡則不為禍福所惑，而道的內涵是人間的、理性的禮樂文明之道。

〔註21〕「人心，土臟也，在身之中象形。博士說以為火臟。凡心之屬皆從心。」《說文解字注》（臺北市：藝文印書館，1979 年），頁 506。許慎此處的解釋，吾人除了可以得知心為象形字之外，仍然是染上陰陽五行的章句訓詁。參見王師初慶：《漢字結構析論》（北京市：中華書局，2010 年），頁 93。我們需要進入原典以確定荀子所認為心的本義為何。

〔註22〕《荀子集解·考證》（臺北市：世界書局，2000 年），頁 392。

〔註23〕《荀子集解·考證》（臺北市：世界書局，2000 年），頁 393。

〔註24〕楊筠如：《荀子研究》（臺北市：臺灣商務印書館，1968 年），頁 53。

〔註25〕《荀子集解·考證》（臺北市：世界書局，2000 年），頁 395。

性、情、欲、心與治亂之間的關係陳述分明，自此性、情、欲與心便成為荀子討論人性的重要相關觀念，在〈禮論〉、〈富國〉及〈樂論〉等篇都是以此為前提，展開有關禮樂教化或富國裕民的理論，內聖工夫與外王思想相輔相成，內聖工夫是外王思想的基礎，舉〈樂論篇〉為例：

> 夫樂者、樂也，人情之所必不免也。故人不能無樂，樂則必發於聲音，形於動靜；而人之道，聲音動靜，性術之變盡是矣。故人不能不樂，樂則不能無形，形而不為道，則不能無亂。先王惡其亂也，故制雅頌之聲以道之，使其聲足以樂而不流，使其文足以辨而不諰，使其曲直繁省廉肉節奏，足以感動人之善心，使夫邪污之氣無由得接焉。是先王立樂之方也，而墨子非之奈何！〔註26〕

荀子以為人之好樂乃源自天生自然的本能性情，我們無法去除人的本能，然而順著人之本能又將流於亂，先王照見人之本能後，不是禁止或取消，而是制作雅頌樂聲，以期能疏導、調節人的本能性情，以求從根治亂，是為王道。

此中「內聖工夫」是指大儒君子之工夫，抑或天下百姓之教養？綜合〈性惡篇〉、〈禮論篇〉與〈樂論篇〉，我們可歸納而得在原典的脈絡中，能制禮作樂教化天下百姓的是先王，然而這位能制禮作樂教化天下百姓的先王，必須要是一位自修內聖工夫的聖人。

唐君毅在《中國哲學原論》一書中提及：

> 然荀子之言心，畢竟有大異於墨莊者，則在荀子言心之知，不只是一知類心，而兼是一明統心。荀子言心，亦不只為一理智心及有實行理智所知者之志之心，如墨子所說；而實兼為一能自作主宰心。荀子言心之「虛靜」之工夫，必與「壹」之工夫相連。而荀子之虛壹而靜之工夫，則又不只成就一個靈臺之光耀，且為本身能持統類秩序，以建立社會之統類秩序，以成文理之心。〔註27〕

唐氏以為此心能自作主宰，透過虛靜的工夫鍛鍊，能維持人間世界之統類以成文理，不只是理智之心，也能將理智付諸實踐，即內聖之心能開拓外王之道。鄧小虎與東方朔近年皆引法蘭克福的兩層欲望說來推崇荀子「心之所

〔註26〕　《荀子集解‧考證》（臺北市：世界書局，2000 年），頁 349。
〔註27〕　唐君毅：《中國哲學原論導論篇》（臺北市：臺灣學生書局，1986 年），頁 132～133。

可」，二人以爲「心之所可」代表了人有反省與選擇的能力，而人能反省與選擇是荀子人獸之別的重要分水嶺。〔註 28〕筆者肯定三位學者所說心之諸項特色，有補三位者在於展示與心相關的概念系列。理智之心在性、情、欲、慮、知、能、僞此一系列居於關鍵地位，可以挽回性、情、欲從感性本能狀態轉換到慮、知、能、僞的文明狀態，內在之心爲認知主體，是主宰改變亂象的鈐鍵。但唐君毅所說爲是，無論心能主宰，能選擇或能反省，都有賴虛壹而靜的工夫鍛鍊。

〈正名篇〉談「心」除了「治亂在於心之所可，不在情之所欲」之外，也提及：「情然而心爲之擇。」此處我們可以借心之能權衡抉擇來討論所謂的自由意志。由「情然而心爲之擇」的「擇」字，可以推出荀子賦予「心」有自由意志。〈儒效篇〉：「我欲賤而貴，愚而智，貧而富，可乎？曰：其唯學乎。彼學者，行之，曰士也；敦慕焉，君子也；知之，聖人也。上爲聖人，下爲士、君子，孰禁我哉！」〔註 29〕「孰禁我哉」與《論語》〈學而篇〉所言：「仁遠乎哉？我欲仁，斯仁至矣。」〔註 30〕其間精神是一脈相承。荀子是他律或自律，在此可得一定解。

> 對象之吸引人善的特性，透過精神認知而成爲目的因和意志的動機。意願直接爲所認知的動機所決定，間接也被足以構成價值判斷的一切心理因素所決定。整個價值體驗爲全部心理情況所決定，即心境、氣質、思想的感覺基礎、人格類型以及不計其數的無意識情意結（Complex）。價值的體驗引起意志的首次動搖，這樣的動搖又反饋而影響到對動機的下一步體驗。但在動機彼此衝突情況下所作的最後決定，則是意志在某些限度之下的自由行爲〔註31〕。

荀子論心便如上述有自由、能作主，如果沒有自由、無法作主便談不上善惡。

〔註 28〕 鄧小虎：〈荀子：性惡和道德自主〉，《求索之跡：香港中文大學哲學系六十周年系慶論文集·校友卷》（劉國英、張燦輝編，香港中文大學出版，2009 年）。東方朔：〈心知與心慮——兼論荀子的道德主體與人的概念〉，《國立政治大學哲學學報》第 27 期（2012 年 1 月）。

〔註 29〕 《荀子集解》（臺北市：世界書局，2005 年），頁 108～109。

〔註 30〕 〈學而〉《論語》，〔清〕阮元重刊：《十三經注疏》（臺北市：藝文印書館，1985 年），頁 64。

〔註 31〕 〈意志自由 131〉，《西洋哲學辭典》（臺北市：先知出版社，1976 年），頁 168～169。

〔註32〕由此可見，荀子也主張心的自由意志，只是在原典之中所佔篇幅太少，若不經一番鉤沉索隱，常爲後人忽略。

> 然則何緣而以同異？曰：緣天官。凡同類同情者，其天官之意物也同。故比方之疑似而通，是所以共其約名以相期也。形體、色理以目異；聲音清濁、調竽、奇聲以耳異；甘、苦、鹹、淡、辛、酸、奇味以口異；香、臭、芬、鬱、腥、臊、漏庮、奇臭以鼻異；疾、癢、凔、熱、滑、鈹、輕、重以形體異；說、故、喜、怒、哀、樂、愛、惡、欲以心異。心有徵知。徵知，則緣耳而知聲可也，緣目而知形可也。然而徵知必將待天官之當簿其類，然後可也。五官簿之而不知，心徵知而無說，則人莫不然謂之不知，此所緣而以同異也。

〔註33〕

此段是從感官經驗來談心，居於中軸地位的心亦是目、耳、鼻、口、觸、意之官長，展現了心之主宰義。所謂緣目可以知形、緣耳可以知聲、緣鼻可以知嗅、緣口以知味、緣身以觸異、緣心以情異，可見天官之心由眼耳口鼻至意識的縱深。

性、情、欲基本上是感性的本能，但荀子之心是理性之心，能自做主宰，有自由意志，能夠在感性的本能之上進行理性的判斷與選擇，天生自然的性情在理性之心的調節化導之下，由人爲努力慢慢昇華至禮樂文明。在〈解蔽篇〉則討論理性之心需透過耳目口鼻與意識的虛、壹、靜的工夫，不斷融攝與轉化以達大清明，至此方能擔負化性起僞之功。

〔註32〕鄧小虎在談〈性惡與道德自主〉此一論題時提及：「道德行爲必然是人自主選擇的結果，而不可能是注定必然，否則其不過是因果律之下的結果而不是道德行爲。荀子的「性」「僞」理論闡釋了禮義教化在理則上的應然和現實上的可能，並容許「注錯之當」和「注錯之過」，從而説明了道德自主的理據和基礎。」頁23。另説「性」表示的是給予，而「僞」是我們對于「給予」的種種作爲。我們的作爲不必然符合禮義，可是禮義的可能正正在於此「不必然」。哲學界普遍認同「應然」（ought）涵蘊了「可以」（can），而「可以」同時涵蘊了「可以不」。也就是説，自由是道德的基礎。如果是必然如此的話，人不能做些什麼，也就談不上道德。第一階段的「僞」容許「注錯之過」和「注錯之當」，正是這種「僞」，使人的道德自主成爲可能。頁49。見《荀子的爲己之學：從性惡到養心以誠》，北京市：北京大學出版社，2015年。朱曉海：《荀子之心性論》（香港大學中文系，1994年），頁138～139。徐復觀也提到荀子的自由意志：《中國人性論史》，（臺北市：臺灣商務印書館，1988年），頁242。

〔註33〕《荀子集解·考證》（臺北市：世界書局，2000年），頁384。

五、慮

許慎釋「慮」曰：「謀思也，從思，虍聲。」段玉裁注「謀思」曰：「心部曰：『念，常思也。惟，凡思也。懷，念思也。想，覬思也。勰，同思之和也。』同一思而分別如此。言部曰：『慮難曰謀。』與此為轉注。口部曰：『圖者，畫也，計難也。』然則謀、慮、圖三篆義同。《左傳》曰：『慮無他。』《書》曰：『無慮。』皆謂計畫之纖悉必周，有不周者，非慮也。」

荀子原典提及「慮」字甚多，多為考慮之日常義〔註34〕，但〈正名篇〉在「情」、「心」與「擇」三項概念的關係中，詳細說明「慮」字的定義：

> 情然而心為之擇謂之慮。

楊倞注曰：「情雖無極，心擇可否而行謂之慮也。」這是一個合情然與心擇的動態判斷過程。

> 心慮而能為之動謂之偽。

慮可以是名詞，也是動詞，心能思慮，由思考層面帶起具體行動便是偽。

> 慮積焉，能習焉，而後成謂之偽。

前文所言「情然而心為之擇謂之慮」，感性本能接受理性之心的判斷與選擇，可稱之為慮。感性本能接受理性之心所作的周全判斷與選擇，人的潛在能力可化為實際行動，即是人為；思慮透過逐漸累積而周全，潛能透過慢慢學習而付之實踐，至於有所成亦是人為。

六、知

荀子全書中「知」〔註35〕與「慮」在正文中十五次連用，有名詞、有動詞，如「慮之難知也」、「慮之易知也」（〈榮辱篇〉）「不慮而知」（〈君道篇〉）、「大知在所不慮」（〈天論篇〉），可見「慮而後知」為荀子的慣用辭，是故筆者嘗試將「知」置於「慮」之後。接續前段，慮而後知之知並非一般常識性的知，此知乃得自理性之清明心所作的周全判斷與選擇。

> 所以知之在人者謂之知；知有所合謂之智。

楊倞注曰：「知之在人者，謂在人之心有所知者；知有所合，謂所知能合於物也。」〔註36〕「知之在人者」可解為知存在認知主體之中，但為潛能狀態，

〔註34〕 《說文解字注》（臺北市：藝文印書館，1979年），頁506。

〔註35〕 許慎釋「知」曰：「詞也，從口矢。」段玉裁注曰：「識敏故出於口者疾如矢也。」《說文解字注》（臺北市：藝文印書館，1979年），頁230。荀子的知在約定俗成的用法之外，尚有因其思路所發展出來較細緻的解釋。

〔註36〕 《荀子集解‧考證》（臺北市：世界書局，2000年），頁380。

必須符應客觀外在，也就是由隱於認知主體的潛能狀態而能在客觀狀態實現，方能稱爲智。檢閱荀子全書「知」可爲動詞或名詞，動詞多作「知道」、「明瞭」，名詞則有「知覺」、「知識」或「明智」三義。動詞的知道需有對象，名詞的知覺也需要有對象，主體與對象有所符應可稱爲知識，知有聖人之知有小人之知，擇其優者則爲明智。

七、能〔註37〕

孟子談知與能，荀子也談知與能，但雙方論點不同。

> 智所以能之在人者謂之能；能有所合謂之能。

盧文弨曰：「句首智字衍，注當云：在人有所能謂之能。」〔註38〕存在人者謂之能，亦指潛藏狀態。由前言「能習焉」推得，此能是可以學習、練習。「能有所合謂之能」爲與生俱來潛藏的能力，透過後天不斷的學習、練習才可付諸實踐，與客觀外在契合而終止於成，即前言「而後成謂之僞」。由前述談慮與知可見荀子重視周全顧慮或說理性思考，更注重在理性思考之後必須兼具行爲實踐義，此之爲合。對比孟子談知與能：「人之所不學而能者，其良能也；所不慮而知者，其良知也。」〔註39〕荀子的慮而後知，有所合謂之能，與孟子的不慮而知，不學而能可合併討論，可以見出兩者思路的差別。

八、僞

「僞」字是荀子原典的關鍵概念，楊倞注曰：「僞，矯也。心有選擇能動而行之則爲矯拂其本性也。」到清代學者則有不同看法，盧文弨以爲：「此僞字，元刻作爲，非也。觀荀此篇及〈禮論〉等篇，僞即今爲字，故曰：桀紂性也，堯舜僞也，謂堯舜不能無待於人爲耳。後儒但知有眞僞字，昧古六書之法，而訾之者眾矣。」郝懿行曰：

> 荀書多以僞爲爲，楊注訓僞爲矯，不知古字通耳。」〔註40〕錢大昕
> 於所著〈跋荀子〉言：「今試平心而讀之，荀子所謂僞，只作爲善之
> 爲，非誠僞之僞。故曰：不可學、不可事而在人者謂之性；可學而

〔註37〕 「熊屬，足似鹿，从肉，㠯聲。能獸堅中，故稱賢能，而彊壯稱能傑也，凡能之屬皆从能。」《說文解字注》（臺北市：藝文印書館，1979 年），頁 484。
〔註38〕 《荀子集解・考證》（臺北市：世界書局，2000 年），頁 380。
〔註39〕 〈盡心上〉，《孟子》（臺北市：藝文印書館，1985 年），頁 232。
〔註40〕 《荀子集解・考證》（臺北市：世界書局，2000 年），頁 380。

能、可事而成之在人者謂之僞。古書僞與爲相通。……若讀僞如爲，則其說本無悖矣。後之言性者，分義理之性與氣質之性而二之，而戒學者以變化氣質爲先，蓋已兼取孟、荀二義，而所云變化氣質者，實暗用荀子化性之說，是又不可不知也。〔註41〕

段玉裁引經據典道：

僞，詐也。段註：「詐者，欺也。」《釋詁》曰：「詐，僞也。」按經傳多假爲爲僞，如詩人之爲言即僞言。〈月令〉：「作爲淫巧」，今〈月令〉云：「詐僞淫巧」，《古文尚書》「南僞」《史記》作「南爲」。《左傳》爲讀僞者不一，蓋字涉於作爲則曰僞。徐鍇曰：「僞者人爲之，非天眞也。故人爲爲僞是也。」荀卿曰：「桀紂性也，堯舜僞也，人之性惡，其善者僞也。不可學、不可事而在人者謂之性，可學而能，可事而成之在人者謂之僞。又曰生之所以然者謂之性，心慮而能爲之動謂之僞，慮積焉，能習焉而後成謂之僞」。荀卿之意謂堯舜不能無待於人爲耳。玉裁昔爲謝侍郎墉作《荀卿補注》曾言之。」〔註42〕

段玉裁條陳歷代如何注「僞」字，並摘錄了荀子〈性惡篇〉、〈正名篇〉等篇論「僞」諸段落，從中可見「僞」的字義至荀子之手而有一轉變，由虛假欺騙的「詐僞」，進至文明教化的「人爲」，從此「僞」字成爲釐清荀子思想必須認識的關鍵字，較諸性字的重要性不遑多讓。

心慮而能爲之動謂之僞；慮積焉，能習焉，而後成謂之僞。

「僞」在合「人爲」爲會意字背後透顯荀子強調實踐行動義。「僞」字可見解讀荀子，從傅斯年所強調訓詁的角度，或從徐復觀所看重的觀念的角度，這兩種觀看視野是可以並行不悖，甚至可以相得益彰。總而言之，這組概念應如此解讀，「性、情、欲」爲天生自然的經驗本能，在此端被有層次的呈現；「慮、知、能」是深思熟慮的理性思維，在彼端被同時有層次的呈現。「化性起僞」當中的「化」與「起」二字，讓感官經驗與理性思維兩者不只靜態的呈現，而且有了扭轉改變的動態可能，此中居間的槓桿是「心」，努力邁向工夫修養的彼端——人爲之「僞」。

〔註41〕《潛研堂文集》卷二十七（臺北市：臺灣商務印書館，1979年），頁418。
〔註42〕《說文解字注》（臺北市：藝文印書館，1979年），頁383。

貳、〈天論篇〉與〈禮論篇〉所見由性而偽諸觀念

　　前文討論〈正名篇〉有關性、情、欲、心、慮、知、能、偽各概念，以及概念與概念之間的完整關係，瀏覽原典，除了〈正名篇〉之外，他篇罕見如此周全討論。〈天論篇〉與〈禮論篇〉二文在原典中同屬章法較清晰、思想較精確的篇章，文中亦有涉及上述諸項概念，且具有特色，是以此處引〈天論篇〉與〈禮論篇〉再做輔助說明。

一、情與心

　　在〈天論篇〉提及情，加一天字。

> 好惡喜怒哀樂臧焉，夫是之謂天情。

天情的定義與〈正名篇〉雷同：「性之好、惡、喜、怒、哀、樂謂之情。」此處的天可以指天生自然，所謂天情即是天生自然的情緒，尚未與惡結合。

　　在〈天論篇〉中對於認知主體之心的特色有重要補充：

> 耳、目、鼻、口、形、能各有接而不相能也，夫是之謂天官。心居
> 中虛，以治五官，夫是之謂天君。〔註43〕

前文言理性之心在感官之上，能主宰、有自由意志，尚需透過虛壹而靜的工夫方能調理性情，〈天論篇〉主要在談天人分工，但稱居中虛、治五官之心爲「天君」，即心爲天生的君主，統領耳目五官，取天而代之掌有主宰義。

二、性與偽

　　後世熟知荀子之性爲惡，而善與惡的關係非黑即白，互相排斥，無所謂合作，遑論互相成全。然在〈禮論篇〉文中，人性仍然是指天生自然的原始材質，前文徐復觀論性，曾提及此點定義，與〈正名篇〉相同，尚未與價值判斷的「惡」相連。「性」與「偽」的關係是中性的、對立的原始與文明，但這對立是可以互相合作，故曰朴性尙之以文偽則天下大治，有如天地合而萬物生，陰陽接而變化起一般順理成章，此處的天地、陰陽皆是中性描述，互相對立卻又相輔相成，前後可說是荀子原典中的兩類思路。

> 性者，本始材朴也；偽者，文理隆盛也。無性，則偽之無所加；無
> 偽，則性不能自美。性偽合，然後成聖人之名，一天下之功於是就
> 也。故曰：天地合而萬物生，陰陽接而變化起，性偽合而天下治。

〔註43〕《荀子集解・考證》（臺北市：世界書局，2000 年），頁 286。

楊倞注曰：「一，謂不分散，言性偽合，然後成聖人之名也。」〔註44〕我們可歸納綜觀〈禮論篇〉、〈正名篇〉與〈性惡篇〉論性的思路最少可保守分爲原始中立之性與惡之性，這一點是討論荀子心性思想值得注意的線索，若能照顧周全，論荀子之性會更有層次、更完備。

三、欲與禮、聖人

〈正名篇〉雖討論性、情、欲、心與治亂的關係，但並未提出禮樂教化以及制禮作樂的先王。荀子以爲現實的亂象追本溯源，是來自性情本能不得調養，故推出禮樂教化有存在之必要。至〈禮論篇〉開始將內在心性與外在的禮樂文明制度結合，由此一思路可見荀子由內聖工夫開出外王文明願景的途徑。

> 禮起於何也？曰：人生而有欲，欲而不得，則不能無求，求而無度量分界，則不能不爭。爭則亂，亂則窮。先王惡其亂也，故制禮義以分之，以養人之欲，給人之求。使欲必不窮乎物，物必不屈於欲，兩者相持而長，是禮之所起也。

楊倞注：「先王爲之立中道，故欲不盡於物，物不竭於欲，欲與物相扶持，故能長久，是禮所起之本意者也。」〔註45〕雖然文中主張制禮義以分之，但對於本能性情秉持一貫的立場予以寬容的調養，人之欲宜潤養，人之求宜供給。

先前提及本文論荀子的內聖工夫有四點可談：第一點是性→情→欲→心→慮→知→能→偽內聖思想橫向的開展，第二點是目→耳→鼻→口→形→心的內聖思想縱向的深度，第三點是性與偽之間，化性情起人爲的工夫，第四點，化性起人爲落實在教化層面言是積學不已。荀子的外王思想，即人間互相成全的文明秩序有四點可談：本文第一點論儒者的自覺，第二點論禮，第三點論樂，第四點論天。「禮起於何也？曰：人生而有欲。」提綱挈領扣住內聖思想第三點化性起人爲的性情欲一端，禮則是外王思想當中的第三點人間文明之禮的部分，並及兩者的關聯──禮之所由起，起於人生而有欲。

參、小結

治荀者常言化性起偽，本文自荀子〈正名〉諸篇整理出性、情、欲、心、

〔註44〕《荀子集解‧考證》（臺北市：世界書局，2000年），頁338。
〔註45〕《荀子集解‧考證》（臺北市：世界書局，2000年），頁321。

慮、知、能、偽」一系列概念，以為補充說明，以見荀子用心之精微。歸納
前文，性是人天生自然的原始本能。情是好、惡、喜、怒、哀、樂，由本能
之性所外發的各種情緒。欲是指情之應，也就是欲望，此三者可歸於感性之
部。荀子的心是理性之心，具有主宰義、有自由意志、能反省與選擇。理性
之心需一番虛、壹與靜的工夫，不斷融攝與轉化以達大清明，方能擔任化性
起偽之功。感性本能接受理性之心的判斷與選擇稱之為慮。慮而後知之知並
非一般常識性的知，此知乃得自理性之心所作的周全判斷與選擇。潛藏於認
知主體的知可在客觀狀態實現，方能稱為智。潛藏於人的能力，透過不斷的
學習、鍛鍊才能付出實踐，與客觀外在契合而終止於成，即「而後成謂之偽」。

　　〈正名篇〉論本能性、情尚未及惡，〈禮論篇〉、〈樂論篇〉、〈天論篇〉與
〈勸學篇〉等重要篇章亦然；〈性惡篇〉則聯性與惡合成一判斷，此二者可分
屬兩類論述，即：原始中立之性與惡之性。

　　〈正名篇〉討論性、情、欲、心與治亂的關係，但仍著重在內聖範圍，
並未涉及先王禮樂，〈禮論篇〉開始將內在心性與外在禮樂結合，此一思路可
見荀子由內聖開外王的嘗試。凡此線索在討論荀子思想之時，皆值得留意，
順此以論荀，將有一番不同面貌。

第二節　由〈解蔽篇〉看荀子內聖思想的縱向鑿深

　　何謂內聖思想的縱向鑿深？牟宗三在《歷史哲學》一書指出荀子的知性
主體可為其思想特色，筆者補充說明此知性主體與道德行為相輔相成，荀子
的思維特色是有真知而後有真人。〔註46〕荀子所言解蔽之蔽即是由此認知主
體說起，蔽是指認知主體功能不彰，無法掌握認知客體。〈正名篇〉所見性→
情→欲→心→慮→知→能→偽是由天生自然的本能而轉化至人為文明狀態的
流程，但要保證由本能而人為的流程順利開展，認知之心需經過沉澱轉化，
解除障蔽才能重新掌握認知客體，完成認知行為，邁向人為文明。〈正名篇〉
論及天君之心，〈解蔽篇〉一脈相承繼續探討心之大清明，筆者名之為荀子內
聖思想的縱向鑿深。

〔註46〕此一思路與莊子有別，卻與柏拉圖相近。「在柏拉圖的知識論中，他提出一句
　　　　相當主要的話：『你應該先是聰明的，然後才是善的。』這也就界定了西方理
　　　　性主義的基礎，要以『知』做為基礎，在『知』上面，建構一個『善』的體
　　　　系。」見鄔昆如：《西洋哲學史話》（臺北市：三民書局，1985年），頁126。

壹、何謂蔽

　　荀子的用語是解蔽，或許轉換成現代的用語「啓蒙」，更能引發靈感。在《論語》〈陽貨篇〉中，孔子談「蔽」與「學」聯用，在「蔽」與「學」之間有多角度的觀察，荀子著有〈勸學篇〉與〈解蔽篇〉，二文在原典章法嚴謹，解蔽與勸學都是荀子的人爲修養工夫，以次第而言應以〈解蔽篇〉爲先，〈勸學篇〉置後。

> 子曰：「由也，女聞六言六蔽矣乎？」對曰：「未也。」「居！吾語女：好仁不好學，其蔽也愚；好知不好學，其蔽也蕩；好信不好學，其蔽也賊；好直不好學，其蔽也絞；好勇不好學，其蔽也亂；好剛不好學，其蔽也狂。〔註47〕

文中孔子提醒即使有德如「仁、知、信、直、勇、剛」，也將不免流於「愚、蕩、賊、絞、亂、狂」，學習與修正可以保持穩定的平衡與方向，孔子所言之蔽屬於工夫修養過程中所產生的流蔽，在不斷的動態修正過程，人爲的工夫修養於焉開展。

　　孟子在〈告子上〉與公都子討論大體與小體，也提到蔽字：

> 公都子問曰：「鈞是人也，或爲大人，或爲小人，何也？」孟子曰：「從其大體爲大人，從其小體爲小人。」曰：「鈞是人也，或從其大體，或從其小體，何也？」曰：「耳目之官不思，而蔽於物，物交物則引之而已矣。心之官則思，思則得之，不思則不得也。此天之所與我者。先立乎其大者，則其小者弗能奪也。此爲大人而已矣。」
> 〔註48〕

「耳目之官不思而蔽於物」，孟子是從耳目感官認知來談蔽。他把人分爲從大體的大人與從小體的小人，耳目感官是無法做思考，只會爲外物所牽引障蔽，走上物物交引不得自主之途。心這個認知感官主掌思索，思索則有所得，不思索則無所得。大體與小體皆爲與生俱來，孟子主張先立其大。此處所討論的「耳目之官不思」、「心之官則思」、「蔽於物」、「天之所與我者」、「大人」等概念，以及概念與概念之間的關係，荀子皆有系統的繼承，在〈解蔽篇〉紹續孔子所言爲學之蔽，與孟子主體蔽於物的概念往前發揚光大。

〔註47〕〈陽貨篇〉，《論語》（臺北市：藝文印書館，1985 年），頁 155。
〔註48〕〈告子上〉，《孟子》（臺北市：藝文印書館，1985 年），頁 204。

一、蔽之為害

　　荀子論蔽以認識取向為主，但他並非基於純粹論學興趣，人間新秩序是他念茲在茲的基源問題。人間的世界為何會混亂呢？〈解蔽篇〉第一句開門見山即點出題旨：「凡人之患，蔽於一曲，而闇於大理。」因為認知主體的障蔽，或蔽於偏見、或蔽於錯覺、或蔽於盲點，因而無法照見全面真實，認知主體需先解蔽，才能言及其餘。什麼是蔽？荀子曰：

> 故為蔽：欲為蔽，惡為蔽，始為蔽，終為蔽，遠為蔽，近為蔽，博為蔽，淺為蔽，古為蔽，今為蔽。凡萬物異則莫不相為蔽，此心術之公患也。〔註49〕

在欲與惡，始與終，遠與近，博與淺，古與今之間，兩者原是相輔相成，若未保持不偏不倚而落於一端則障蔽生，此一思路與孔子言雖有「仁、知、信、直、勇、剛」，不免流於「愚、蕩、賊、絞、亂、狂」，有異曲同工之妙，只要萬物相異即相為蔽於一曲，這是人類思想認識的共同缺失。

　　〈解蔽篇〉第一段是荀子對於當世的描述：「天下無二道，聖人無兩心。今諸侯異政，百家異說，則必或是或非，或治或亂。」他將當世混亂歸納為政治上的諸侯異政，與學術上的百家異說兩方面來說明，指出亂國之君與亂家的卿大夫原先也一心追求禮樂之道，差別在於認知主體之心的使與不使，如果天君之心不使，則黑白莫辯難以為治。但萬物相異則相與為蔽，所以需要宏觀的觀照才能照顧周全。第二段之後，李滌生曰：「以上三節就政治歷史上論君臣之蔽，就學術思想上論諸子之蔽。……荀子論道偏於治道，故以上兩節，層層轉進，而歸結於治亂，……」〔註50〕以下便先由這兩部分敘述。

（一）政治歷史上君臣之蔽

　　要了解當世之蔽必須回溯歷史才能正本清源，荀子將諸多歷史之蔽分為政治上的人君、人臣之蔽與學術上的百家之蔽。

1. 人君之蔽

　　荀子從認知主體的角度來分析講評夏桀與殷紂，桀與紂皆為寵幸與小人媚惑其心而蠱亂其行，致使賢良隱退、百姓怨懟，也就是認知主體障蔽，造成認知對象扭曲，引來錯誤判斷。然而誰人不蔽？荀子嚴於人物褒貶，在古今人物之中舉成湯與文王為典範：

〔註49〕　《荀子集解・考證》（臺北市：世界書局，2000年），頁358～359。
〔註50〕　李滌生：《荀子集釋》（臺北市：臺灣學生書局，1979年），頁482、484。

> 成湯監於夏桀，故主其心而慎治之，是以能長用伊尹，而身不失道，
> 此其所以代夏王而受九有也。文王監於殷紂，故主其心而慎治之，
> 是以能長用呂望，而身不失道，此其所以代殷王而受九牧也。遠方
> 莫不致其珍：故目視備色，耳聽備聲，口食備味，形居備宮，名受
> 備號，生則天下歌，死則四海哭，夫是之謂至盛。詩曰：「鳳凰秋秋，
> 其翼若干，其聲若簫。有鳳有凰，樂帝之心。」此不蔽之福也。
> 〔註51〕

二位先王以前車之鑑，心有所主而審慎治國，長用伊尹與呂望，是以成湯代
夏王而受九有，文王代殷而受九牧，宇內昇平，鳳凰來儀，如此則是認知主
體不為障蔽之福。

2. 人臣之蔽

荀子在戰國末年周遊各國，博學多聞，論及人臣之蔽，荀子舉唐鞅、奚
齊為例，宋康公之佞臣唐鞅與晉獻公的庶子奚齊因為利欲薰心、構陷忠良致
使身為刑戮，足為警戒。誰人不蔽？荀子對於同代的人臣多有微詞，但十分
推崇管仲與周公二人，管仲有鮑叔、甯戚、隰朋輔弼，周公有召公、呂望佐
政，皆屬仁且不蔽的人臣典範。

> 鮑叔、甯戚、隰朋仁知且不蔽，故能持管仲，而名利福祿與管仲齊。
> 召公、呂望仁知且不蔽，故能持周公而名利福祿與周公齊。傳曰：「知
> 賢之謂明，輔賢之謂能，勉之彊之，其福必長。」此之謂也。此不
> 蔽之福也。〔註52〕

（二）學術思想上諸子之蔽

所謂諸子之蔽並非認知對象的扭曲，而是認知主體觀照不周，故而產生
偏見與盲點。荀子在〈非十二子篇〉已提及當時學界的流派與偏弊，此處再
度舉出墨子、宋子、慎子、申子、惠子、莊子做為示範說明：

> 昔賓孟之蔽者，亂家是也。墨子蔽於用而不知文，宋子蔽於欲而不
> 知得，慎子蔽於法而不知賢，申子蔽於埶而不知知，惠子蔽於辭而
> 不知實，莊子蔽於天而不知人。〔註53〕

〔註51〕《荀子集解・考證》（臺北市：世界書局，2000年），頁359～360。
〔註52〕《荀子集解・考證》（臺北市：世界書局，2000年），頁361。
〔註53〕《荀子集解・考證》（臺北市：世界書局，2000年），頁361～362。

俞樾以爲上文所指「賓孟」是戰國時期往來諸侯之間的遊士，即墨子等人。〔註54〕荀子對於諸子的品評極爲公允，「墨子蔽於用而不知文」、「莊子蔽於天而不知人」至今仍爲後學論墨、莊所沿用。呼應前段所言「凡萬物異則莫不相爲蔽」，「此數具者皆道之一隅也」，然而「夫道者體常而盡變，一隅不足以舉之。」誰人不蔽？

> 孔子仁智且不蔽，故學亂術足以爲先王者也。一家得周道，舉而用
> 之，不蔽於成積也。故德與周公齊，名與三王并，此不蔽之福也。

〔註55〕

品評當代諸子不是荀子的終極關懷，他意在提出心中的思想楷模——孔子。由上可知古今的政治與學術是他主要關懷對象，在政治領域之中，他最推崇的先王是成湯文武，最推崇的人臣是周公、管仲，而孔子則「德與周公齊，名與三王并」，在政治與學術中最爲高明廣大，若由前文推得，孔子的不蔽是綜合了認知主體周全觀照而無偏頗，避免扭曲認知客體，自然有正確的道德判斷與道德行爲。

（三）耳目感官之蔽

前言政治歷史上論君臣之蔽，或者學術思想上論諸子之蔽，皆起於心知意識之蔽患，特別是起於認知主體的偏見。以下所討論也是認知主體的蔽患，但是偏重耳目感官部分的盲點與錯覺。李滌生曰：「以上兩節，爲第三段，論知識謬誤的形成。外物困擾感官，官能失其作用，又思慮（心）迷亂不清，不能知物，於是形成種種謬誤。」〔註56〕

> 凡觀物有疑，中心不定，則外物不清。吾慮不清，則未可定然否也。
> 冥冥而行者，見寢石以爲伏虎也，見植林以爲後人也：冥冥蔽其明
> 也。醉者越百步之溝，以爲蹞步之澮也；俯而出城門，以爲小之閨
> 也：酒亂其神也。厭目而視者，視一以爲兩；掩耳而聽者，聽漠漠
> 而以爲哅哅：埶亂其官也。故從山上望牛者若羊，而求羊者不下牽
> 也：遠蔽其大也。從山下望木者，十仞之木若箸，而求箸者不上折
> 也：高蔽其長也。水動而景搖，人不以定美惡：水埶玄也。瞽者仰
> 視而不見星，人不以定有無：用精惑也。有人焉以此時定物，則世

〔註54〕《荀子集解·考證》（臺北市：世界書局，2000年），頁362。

〔註55〕《荀子集解·考證》（臺北市：世界書局，2000年），頁363。

〔註56〕李滌生：《荀子集釋》（臺北市：臺灣學生書局，1979年），頁498。

之愚者也。彼愚者之定物，以疑決疑，決必不當。夫苟不當，安能
無過乎？〔註57〕

本段連續舉出數個例證，「見寢石以爲伏虎也，見植林以爲後人也」等例皆與
認知主體的耳目感官有關，或爲耳目感官的認知功能不健全，或屬前節所言
耳目感官矇蔽之類。「凡觀物有疑，中心不定，則外物不清。吾慮不清，未可
定然否也。」「心」與「慮」爲荀子內聖思想橫向開展中的重要概念，無法看
清外在事物的眞相原貌，問題不是外在事物，而出於認知主體，認知主體可
能因爲心知意識淆亂偏頗，可能因爲耳目感官障蔽壅塞導至視不明、慮不清、
心不定，故而無法做出正確的認定與判斷。

二、解蔽

何謂蔽以及蔽之爲害已如上述，然而障蔽既生如何解除？以下便區分解
蔽之道以及解蔽之後境界的展現兩部分來討論。

（一）解蔽之道

解蔽之道爲何？在原典中可見兩個重點，一爲兼陳萬物而中懸衡，二爲
虛壹而靜的工夫，荀子對於專壹之壹特別著意，是以文中有補充說明。此處
我們可以觀察到荀子貫串諸子的模式，爲了周全說明心知意識的沉澱，解蔽
是引自孔孟的詞彙，虛靜是引自老莊的詞彙，儒道兩家重要觀念在荀子筆下
水乳交融。唐君毅對於荀子〈解蔽篇〉有如下的見解：

> 此中荀子言心之虛、靜與一等，皆道家所常言，而初非孔孟之所常
> 言。然荀子言心之虛，乃與心之能藏並言，要在教人善用此心之虛，
> 以求其有所藏。此與道家如莊子言本心之虛，以直接「待物」，並言
> 心之知物，如鏡之照物，當「應而不藏」者，又不同。道家言以心
> 應物，當「應而不藏」，故或喜言心之能「忘」，其極至於言「坐忘」
> 或「形忘」。此即顯然與荀子言心，兼重此心之能藏者不同。荀子言
> 心之虛，使人能「不以所已藏者害所將受」，即言心以其能虛之故，
> 便能不斷更有所藏也。〔註58〕

所言甚是，以下順原典逐段講解。

〔註57〕 《荀子集解・考證》（臺北市：世界書局，2000年），頁372～373。
〔註58〕 唐君毅：《中國哲學原論・原道篇》（臺北市：臺灣學生書局，1986年），頁
448～449。

1. 兼陳萬物而中懸衡，衡為道

如何解除古今歷史與人心內外的重重障蔽，荀子在〈解蔽篇〉有解釋：

> 聖人知心術之患，見蔽塞之禍，故無欲、無惡、無始、無終、無近、
> 無遠、無博、無淺、無古、無今，兼陳萬物而中縣衡焉。是故眾異
> 不得相蔽以亂其倫也。〔註59〕

既知「凡萬物異則莫不相為蔽」，荀子的因應之道是先由「無欲、無惡、無始、無終、無近、無遠、無博、無淺、無古、無今」等等消融功夫開始，以達「兼陳萬物而中縣衡焉」，讓認知主體面面俱到，周全觀照再樹立價值標準，用一切去衡量一切。何謂衡？曰：禮義之道。人何以知道，曰心。心要知道、可道與守道才能阻絕非道出現。然而心要如何才能知道，便需要透過虛壹而靜的鍛鍊工夫。

2. 虛、壹與靜

孟子〈告子篇上〉提及心之官則思，思則得，不思則不得，荀子承繼孟子對於心之認知功能的界定，亦以心為工夫修養與境界開展的樞紐，而有進一步演繹：

> 心者，形之君也，而神明之主也，出令而無所受令。自禁也，自使
> 也，自奪也，自取也，自行也，自止也。故口可劫而使墨云，形可
> 劫而使詘申，心不可劫而使易意，是之則受，非之則辭。

楊倞注曰：「心出令以使百體，不為百體所使也。」〔註60〕荀子賦予心具有主宰義，是所有耳目感官的統領，能自由選擇，即〈性惡篇〉所言：「故小人可以為君子，而不肯為君子；君子可以為小人，而不肯為小人。小人君子者，未嘗不可以相為也，然而不相為者，可以而不可使也。」在君子與小人之間有所差異，但也存在有轉換的潛能。此一定義，意義十分重大。

> 心未嘗不臧也，然而有所謂虛；心未嘗不兩也，然而有所謂壹；心
> 未嘗不動也，然而有所謂靜。人生而有知，知而有志；志也者，臧
> 也；然而有所謂虛，不以所已臧害所將受謂之虛。心生而有知，知
> 而有異；異也者，同時兼知之；同時兼知之，兩也；然而有所謂一，
> 不以彼一害此一謂之壹。心臥則夢，偷則自行，使之則謀；故心未

〔註59〕《荀子集解·考證》（臺北市：世界書局，2000年），頁364。
〔註60〕《荀子集解·考證》（臺北市：世界書局，2000年），頁367。

　　嘗不動也；然而有所謂靜；不以夢劇亂知謂之靜。未得道而求道者，

　　謂之虛壹而靜。〔註61〕

「未得道而求道者，謂之虛壹而靜。」可見虛壹而靜是荀子的求道工夫。人心的實際情況是能藏而無法虛，且以所已藏害所將受；能兩而無所謂壹，且以彼一害此一；恆動而無所謂靜，且以夢劇亂知。荀子要進行的是一種轉化：不以所已藏害所將受，不以彼一害此一，不以夢劇亂知。「虛壹而靜」的工夫學界已耳熟能詳，但此處可與道家對照進一步彰顯荀子所謂的虛靜：第一，荀子敏於遣辭用字，捻出「虛靜」二字誠為老莊思想的關鍵概念。道家最重要的概念是「道法自然」，荀子不談道法自然，談虛靜，由此可揣測荀子對於道家工夫論的興趣大於形上學。然荀子的虛靜與老莊形雖同，然義同否？〔註62〕老子的「虛」是指主體隱退，客體方可紛然呈現。《道德經》第十六章曰：「致虛極，守靜篤，萬物並作，吾以觀復。」〔註63〕「極」字修飾「虛」指究竟隱退。莊子也談到虛：「氣也者，虛而待物者也。唯道集虛。虛者，心齋也。」〔註64〕與老子相同有虛而待物的層次，這是心齋，到了〈大宗師〉的坐忘工夫則根本把主體泯化。然而「虛」字在荀子的系統經過修正後成為「不以所已藏害所將受謂之虛」，只要已藏與將受能夠相安並立即可，虛是指容量無限，荀子顯然沒有像《道德經》所述如此徹底清空認知主體，當然也不涉及莊子超越的泯化主體。他的虛靜並非消溶泯化式的虛靜，而是意在為建構禮樂文明的虛靜。是以荀子引用道家的虛靜是形同而義異，不同之處也正好是儒道的差別所在。

　　荀子談「靜」字曰：「心臥則夢，偷則自行，使之則謀，故心未嘗不動也，然而有所謂靜，不以夢劇亂知謂之靜。」用避免「夢劇亂知」來談靜。《道德經》曰：「守靜篤。」不只靜，尚且要篤實的靜，但老子並沒有提到夢。莊子在〈齊物論〉有兩處提到夢，其中一段提到：「夢飲酒者，旦而哭泣；夢哭泣者，旦而田獵。方其夢也，不知其夢也。夢之中又占其夢焉，覺而後知其夢也。且有大覺而後知此其大夢也，而愚者自以為覺，竊竊然知之。」此處的

〔註61〕　《荀子集解‧考證》（臺北市：世界書局，2000年），頁365～366。
〔註62〕　唐君毅在《中國哲學原論‧原道篇》曾比較道家之虛與荀子之虛。（臺北市：臺灣學生書局，1986年），頁448～449。
〔註63〕　王弼著，樓宇烈校釋：《老子周易王弼注校釋》（臺北市：華正書局，1983年），頁35～36。
〔註64〕　郭慶藩輯：〈人間世〉，《莊子集釋》（臺北市：河洛圖書出版社），頁147。

夢與酒皆與認知主體的錯覺有關，夢中有夢，大覺之後方知是大夢，涉及認知主體心意識的認知層次非常豐富，荀子在〈解蔽篇〉前文也依據認知主體的心知意識討論脈絡提到醉酒與錯覺的關聯：「醉者越百步之溝，以爲蹞步之澮也；俯而出城門，以爲小之閨也：酒亂其神也。」所謂「不以夢劇亂知」或許可以是撥開莊子所言層層夢境不干擾清明的認知。莊子首度以「夢」來展現心知意識的層次，荀子嘗試將「靜」、「夢」與「知」三個概念聯結起來融會貫通。「虛」「靜」其實都是老莊的用詞，荀子雖然引用但已透過一番轉化，並且自創新意。先秦諸子談夢除了莊周夢蝶之外，尚有孔子夢周公，荀子之夢在兩者之間，應是透過莊子所言的心知意識仍能不忘堅持如孔子夢周公的清明文化理想。

　　第二，如果「劇夢亂知」中的夢是指夢境，那麼荀子之「心」所「理」的範圍，除了心知意識之外，已往內探索潛意識的部份。此處我們企圖加入唯識的角度，以唯識的角度來談孟荀之性，但須花費篇幅來說明唯識與荀子之間的關係。唯識與荀子可談乎？章太炎在民國初年開始嘗試結合唯識論性，參見《國故論衡》〈辨性〉一文〔註65〕，其中豐富義蘊值得學界挖掘，周志煌於此一議題曰：

　　　　晚清民初諸多學者是儒、佛兼學，相互發明，尤其佛學部分，清末
　　　　從日本取回許多唯識學的典籍，唯識學在清末民初蔚爲顯學，這當
　　　　中包括佛教社群中的楊仁山、歐陽竟無、太虛大師、王恩洋等人，
　　　　對於荀學皆有所發揮；此外，儒者身分的康有爲、梁啓超、章太炎；
　　　　以及當代新儒家的熊十力、馬一浮、梁漱溟等人；甚至學院派的蔣
　　　　維喬、楊大膺、陳大齊等，在儒佛交涉上，對於荀學與佛典關係也
　　　　多有所著墨。清末民初討論荀學與唯識的關係，有別於宋明時代是
　　　　以孔孟心性之善與如來藏（眞如佛性）相較作爲儒佛會通，清末民
　　　　初學者是將荀子性惡說與唯識第八阿賴耶之「染識」相互鉤合，以
　　　　及談「化性起僞」之工夫，與「淨法見聞熏習」之修行，這種談論
　　　　內容都讓儒佛會通在清末民初有令人耳目一新之感。

在民初學者之中，確實曾經出現唯識與荀子之間的討論，周志煌在文中舉楊大膺與太虛大師爲例，太虛大師以荀子會通唯識，故著眼於「性惡」與「唯識」之交涉。

〔註65〕章太炎：〈辨性上〉《國故論衡》（北京市：中華書局，2008 年），頁 579～594。

雖然，在人性上，荀子人性之惡並不包含染識（阿賴耶識）可以作為善惡業力種子儲藏之所，以及輪迴因果報應之主體根據等意義及作用，但「化性起偽」與「轉識成智」的積極改造作為（荀子重「學」、唯識重淨種「熏習」），在心理層面及學習、作為等方面，清末民初唯識學的復興及荀學的受到重視，呈現了一種有別於唐宋以降儒佛以孔孟「仁義善性（心）」與真常心系之「如來藏自性清淨心」會通的型態，荀學與唯識在晚清民初開顯了儒佛新的對話契機。

如此說法在當代荀學的研究上十分具啟發性，可惜所論者鮮。

就荀學與印度傳來中國之佛學而言，唐宋以降，儒佛之會通多著眼於儒學仁義善性與佛家之「真常唯心」系的如來藏自性清淨心互相比對，鮮少像晚清民初以「虛妄唯識」系所著重的因明邏輯與荀子的名學互相參證，且以唯識之「染識」與荀學之「性惡」相提並論並加以比較。這樣的演變無論就時代社會思潮或學術本身「內在理路」（inner logic）的發展來看，都是饒富意義且深具研究價值。然而這方面有關佛學與荀學的交涉，尚未有人注意言及，在未來進一步的論述開展上，仍具有相當的研究價值。〔註66〕

筆者便是循著此一進路，繼續嘗試。太虛大師從性惡與唯識之交涉，筆者則從大清明之心論起。

李滌生在《荀子集釋》中言：「荀子之大清明之心，頗似佛家之大圓鏡智。」潘小慧則提及：「心有徵知也與佛學根塵相對以後，還須有意識的加入，認識才能發生。」三者取徑相似。荀子雖然不一定與佛學有相同的基源問題與境界，例如唯識學派會討論唯識無境或有境、智如是否合一的問題，荀子以人間為主要的生活世界，自然不會說無境，兩者認知客體對象不同，但以唯識學提到眼、耳、鼻、舌、身、末那、阿賴耶八識來對照荀子心知意識，倒是可以看出荀子所討論的認知主體心理縱深，描繪荀子不同的側面。〔註67〕前文〈正名篇〉有言：

〔註66〕周志煌：《物類與倫類：荀學觀念與近現代中國學術話語》（臺北市：洪葉文化事業有限公司，2013年），頁35～38、49～50。

〔註67〕李滌生：《荀子集釋》（臺北市：臺灣學生書局，1978年），頁503。潘小慧：《從解蔽心看荀子的知識與方法學》（輔大哲學研究所碩士論文，1986年），頁34。民國初年以唯識解荀子的嘗試，有正反兩方看法，胡適在《中國古代哲學史》提到時人以唯識解荀子，但似乎不甚贊同如此詮釋：「這一節本很明白，不需詳細解說。章太炎〈明見篇〉（《國故論衡》下）用印度哲學來講這一段，把『藏』解作『阿賴耶識』，把『異』解作『異熟』，把『謀』與『自

　　形體、色理以目異；聲音清濁、調竽、奇聲以耳異；甘、苦、鹹、

　　淡、辛、酸、奇味以口異；香、臭、芬、鬱、腥、臊、漏庮、奇臭

　　以鼻異；疾、癢、凔、熱、滑、鈹、輕、重以形體異；說、故、喜、

　　怒、哀、樂、愛、惡、欲以心異。〔註68〕

上文提到目、耳、鼻、口、形、心等感官，與唯識所言眼、耳、鼻、舌、身、
意六根約略相當。

　　一眼識，二耳識，三鼻識，四舌識，五身識，六意識。隨根立名，

　　具五義故，謂依發屬助如。〔註69〕

而〈解蔽篇〉所言：「心臥則夢，偷則自行，使之則謀；故心未嘗不動也，然
而有所謂靜，不以夢劇亂知謂之靜。」可以說是接著六根下探潛意識的境地。

　　第六意識的特色是分別。荀子「夢劇亂知」的心知意識顯然比「喜、怒、
哀、樂、愛、惡、欲」更深一層。

　　第六意識是分別識，凡是分別比較的心理活動，都是第六識，……

　　它只有在熟睡、昏厥、深定時才會暫停活動，一直要到放下我執時

　　才能不起煩惱。……第八識有能藏、所藏、執藏三種性能，第七識

　　對它的關係是執藏，第六識對它的關係是所藏，它對第六識的關係

　　是能藏，如此便構成一個非常堅固的鐵三角中心，生死與共，一同

　　流轉於生死苦海。〔註70〕

據聖嚴法師所言第六意識的特色是分別，而夢境據《成唯識論》所言屬第六
意識中的「夢中獨頭意識」。〔註71〕

　　第七末那識的特色是執著。第八識的特色是攝藏、隱藏與執藏，就像紙
與墨汁的關係。〔註72〕那麼荀子「是謂大清明之心」究竟屬於哪一識？「虛
壹而靜」由前文的討論，虛而能藏，壹有綜攝義，靜重在能知，另以「清明」

　　　　行』解作『散位獨頭意識』，便比原文更難懂了。」（臺北市：臺灣商務印書
　　　　館，1982 年），頁 44。
〔註68〕《荀子集解・考證》（臺北市：世界書局，2000 年），頁 383～384。
〔註69〕《大乘百法明門論》，頁 68，見陳鵬釋譯：《唯識四論》，臺北市：佛光山宗務
　　　　委員會，1988 年。
〔註70〕聖嚴法師：《探索識界——八識規矩頌講記》（臺北市：法鼓文化出版社，2005
　　　　年），頁 34。
〔註71〕夢中獨頭意識條，護法等菩薩造，三藏法師玄奘譯：《成唯識論》，《大正新脩
　　　　大藏經》第三十一冊，No. 1585。
〔註72〕印順法師：《唯識學探源》（新竹市：正聞出版社，2003 年），頁 143。

字義而言，荀子顯然看重的是分別心識，然而就這個大清明之心是跨越「夢劇亂知」，如果心知意識可以簡單分成無意識、有意識與潛意識，他的分別心識是深入潛意識之下，雖然不究竟，但自有心理縱深。清明之心與大清明之心有何分別？荀子加上一個「大」與老子「極」、「篤」相仿，意在表達究竟義，是究竟的清明，而非相對的清明。第八意識阿賴耶識是通過去、現在、未來三世，顯然與荀子的時間觀不同，由唯識來看或許荀子的大清明之心不夠究竟，但他在自鑄新辭之時希望探討認知主體的究竟義。

荀子在虛靜之外尚且強調「壹」，原典處處可見。「心生而有知，知而有異，異也者，同時兼知之，兩也。然而有所謂一，不以彼一害此一，謂之壹。」這個「壹」與「虛」相同都沒有排除泯化義，而是建構並存義，博而能專壹，此「壹」甚至有超越義、統貫融攝義。〔註73〕

荀子的思維方式是有眞知而後有眞人，討論大清明之心與道德實踐有關，唯識第八識的染淨問題更是與工夫修養直接相連。〈儒效篇〉曰：「知之不若行之，學至於行而止矣。」在荀子的思想中，究竟澄明的知性主體是爲道德實踐作準備。

3. 君子壹於道

在虛、壹、靜當中，荀子對於專壹的工夫特別有體會，故再做補充：

> 壹於道則正，以贊稽物則察；以正志行察論，則萬物官矣。昔者舜之治天下也，不以事詔而萬物成。處一危之，其榮滿側；養一之微，榮矣而未知。故道經曰：「人心之危，道心之微。」危微之幾，惟明君子而後能知之。〔註74〕

以下分工夫與境界各別敘述。

（1）工夫歷程：由閒居靜思而微，由自強而思，由自忍而好

在專與壹的鍛鍊過程會有一些顛簸、挫折與試煉，例如：「人心之危，道心之微。危微之幾，惟明君子而後能知之。」徐復觀對此段工夫有鞭辟入裏的說明，他以爲所謂人心之危是指心受到外物干擾，認識能力的正確性便成問題。而道心指知道之心，道心之「微」有兩層意義：一是心知道之後，心的認知能力可以極盡精微；二是因爲認識可以極盡精微，知行相契，由知之精同時即見行之效，有類《中庸》所說的「從容中道，聖人也」的微妙境界，

〔註73〕唐君毅：《中國哲學原論導論篇》（臺北市：臺灣學生書局，1986年），頁135。
〔註74〕《荀子集解・考證》（臺北市：世界書局，2000年），頁368～369。

孔孟皆有此一境界，唯荀子是從認識的精微來建立此一境界。〔註 75〕徐說極佳，故引爲佐證。

> 空石之中有人焉，其名曰觙。其爲人也，善射以好思。耳目之欲接，
> 則敗其思；蚊虻之聲聞，則挫其精。是以闢耳目之欲，而遠蚊虻之
> 聲，閒居靜思則通。思仁若是，可謂微乎？孟子惡敗而出妻，可謂
> 能自彊矣，未及思也；有子惡臥而焠掌，可謂能自忍矣；未及好也。
> 闢耳目之欲，遠蚊虻之聲，可謂危矣；未可謂微也。〔註 76〕

空石之觙已達閒居靜思，孟子已能自強，有子善於忍耐，此三人所示範的閒居靜思、自強與忍耐都是專壹過程中各自所面臨的工夫階段，但是諸人都未更上層樓：由閒居靜思而微，由自強而思，由自忍而好。聖人行道已達自然而然，是故無強、無忍亦無危。

（2）最高境界：至人之微與心如槃水

> 夫微者，至人也。至人也，何忍！何彊！何危！故濁明外景，清明
> 內景，聖人縱其欲，兼其情，而制焉者理矣；夫何彊！何忍！何危！
> 故仁者之行道也，無爲也；聖人之行道也，無彊也。〔註 77〕

聖人理性情至盡精微才可說是至人境界。何忍、何彊、何危從容寬和的心境有另外一個形容：「人心譬如槃水。」這裏是知性主體心知意識的通體朗現，纖毫畢見。

> 故人心譬如槃水，正錯而勿動，則湛濁在下，而清明在上，則足以
> 見鬚眉而察理矣。微風過之，湛濁動乎下，清明亂於上，則不可以
> 得大形之正也。心亦如是矣。故導之以理，養之以清，物莫之傾，
> 則足以定是非決嫌疑矣。小物引之，則其正外易，其心內傾，則不
> 足以決麤理矣。〔註 78〕

專壹工夫與靜定相聯，若能防範微風過之、物傾之與引之，則可得湛濁在下、清明在上，見鬚眉察文理，得大形之正。聖人以此靜定之功，而得盡精微。莊子也提到類似的水之喻：「人莫鑑於流水而鑑於止水，唯止能止眾止。」〔註 79〕水取其靜止而不取其流動，唯其能靜止才能清明觀外物。「至

〔註 75〕　徐復觀：《中國人性論史》（臺北市：臺灣商務印書館，1988 年），頁 243～246。
〔註 76〕　《荀子集解・考證》（臺北市：世界書局，2000 年），頁 371。
〔註 77〕　《荀子集解・考證》（臺北市：世界書局，2000 年），頁 372。
〔註 78〕　《荀子集解・考證》（臺北市：世界書局，2000 年），頁 369～370。
〔註 79〕　〈德充符〉，《莊子集釋》（臺北市：河洛圖書出版社），頁 193。

人之用心若鏡，不將不迎，應而不藏，故能勝物而不傷。」〔註80〕

「用鏡」與用水之喻雖然同樣談靜止而能觀察，但是與荀子的靜止仍有細微差別，荀子的「虛」是「不以所藏害所將受」，莊子則是「應物而不藏」，可見荀子深諳儒道之別，在藏與不藏之間小心做出區隔，差之毫釐失之千里。

如果捨壹而從兩，則無法專精，荀子舉出能專壹的典範，為書者如倉頡、為稼者如后稷、為樂者如夔、好義者如舜。設若倉頡為書亦為稼，則難成其為倉頡矣。

（二）解蔽後的境界

在〈解蔽篇〉的前後文脈絡，如此精微的鍛鍊工夫，由內聖而外王，接下來便是君子理天地。如果綜合原典所見較確切的篇章，尚有可補充者，先前提及本文論荀子的內聖工夫有四點可談：第一點是性→情→欲→心→慮→知→能→偽內聖思想橫向的開展，第二點是目→耳→鼻→口→形→心的內聖思想縱向的深度，第三點是性與偽之間，化性情起人偽的工夫，第四點，化性起人偽落實在教化層面言是積學不已。〈解蔽篇〉所談較側重於第二點，即耳目感官至心知意識的沉澱與鍛鍊，君子理天地開拓出來的是解蔽之後境界型態的天地。

1. 明參日月，大滿八極

荀子對於認知主體達到虛壹而靜的清明工夫朗現的境界有如下描述：

> 虛壹而靜，謂之大清明。萬物莫形而不見，莫見而不論，莫論而失位。坐則於室而見四海，處於今而論久遠。疏觀萬物而知其情，參稽治亂而通其度，經緯天地而材官萬物，制割大理而宇宙理矣。恢恢廣廣，孰知其極？睪睪廣廣，孰知其德？涫涫紛紛，孰知其形？明參日月，大滿八極，夫是之謂大人。夫惡有蔽矣哉！〔註81〕

孟子〈告子上〉提到「大人」，荀子踵事增華對「大人」的內涵再做發揮，至此境界眾蔽紛然解矣，這份大清明之心可以「明參日月，大滿八極」，所謂天地生君子，君子理天地是也，這是荀子的內在天地、胸中乾坤。《八識規矩頌》當中提及：「此識轉依相復如何？頌曰：『不動地前纔捨藏，金剛道後異熟空。大圓無垢同時發，普照十方塵剎中。』」大圓鏡智與無垢淨識同時發用，可以普照廣闊無邊的微塵剎土，由「萬物莫形而不見，莫見而

〔註80〕〈應帝王〉，《莊子集釋》（臺北市：河洛圖書出版社），頁307。
〔註81〕《荀子集解・考證》（臺北市：世界書局，2000年），頁366～367。

不論，莫論而失位。坐則於室而見四海，處於今而論久遠。」看來，無怪乎李滌生以爲荀子的大清明之心可以比擬大圓鏡智，兩者皆扣住認知主體的全幅朗現進行探討。〔註82〕

2. 止於聖王

在〈解蔽篇〉中，知性主體工夫修養的最高境界尚提及「止於聖王」。

> 故學也者，固學止之也。惡乎止之？曰：止諸至足。曷謂至足？曰：聖王。聖也者，盡倫者也；王也者，盡制者也；兩盡者，足以爲天下極矣。故學者以聖王爲師，案以聖王之制爲法，法其法以求其統類，以務象效其人。嚮是而務，士也；類是而幾，君子也；知之，聖人也。〔註83〕

盡倫者聖，盡制者王，法其法以求其統類，至此眼前不再是混亂黑暗的經驗世界，不只成就一清明的認知主體，由清明的認知主體所開展的是秩序井然的人文理想。修己後之外王，涉及時勢環境，應世權變，荀子承繼孔孟的重要概念在〈解蔽篇〉討論什麼是蔽？爲何有蔽？如何解蔽？他先指出古今歷史、人心內外的蔽塞可以分爲當今之蔽、歷史之蔽與感官心識之蔽三類，其中歷史之蔽可再區分爲政治與學術兩方面。爲何會有偏蔽產生？荀子區分爲認知主體與認知對象兩個角度來談，可能因爲認知主體本身的偏見、錯覺與盲點，也可能因爲這些偏見、錯覺與盲點扭曲了認知對象，所以產生了偏蔽。如何解蔽？此時便假道家虛靜觀以佐之，在性→情→欲→心→慮→知→能→僞的架構之中，整理混亂經驗世界的樞軸爲認知主體之心，然而需要透過虛壹而靜的工夫以得大清明之心。經過鍛鍊終得「明參日月，大滿八極」的認知主體，才能夠負擔由本能性情轉向人爲文明的任務，進而達到聖王境界。

貳、答學界對荀子之心的質疑

以上爲針對原典的闡釋，然學界對於荀子〈解蔽篇〉頗有疑惑，主要集中在兩個問題：一、心的性質爲何？二、心能生起價值否，是否爲價值根源。就第一個問題而言，心有主宰義爲大家所公認，除此之外，學界對於心的性質有相當細膩的分類，如果能加入荀子的內聖思想加以解釋，理路將更通透。

〔註82〕李滌生：《荀子集釋》（臺北市：臺灣學生書局，1978年），頁503。
〔註83〕《荀子集解・考證》（臺北市：世界書局，2000年），頁375。

就第二個問題而言牽涉到荀子的價值何在，荀子特重由亂而治，天地生君子是生，但更重要的可能是君子理天地的調理。認知之心可以選擇價值與非價值，但最終完成在聖人之偽，認知理性本身不是價值，重點在導出道德理性，是爲價值根源之所在。〔註84〕至此可歸納得知荀子認知心的特色，除了在第二節所見具主宰義、能調理、有內在超越，至〈解蔽篇〉更可見虛靜義、統攝義以及心知意識的深度。

一、心的性質爲何？

學界致力於心的性質歸類，然而在心的歸類之外，本文補充荀子對於心知意識深度開鑿的貢獻，他穿越感官與意識的偏見、盲點與誤解，穿越劇夢談認知，若就唯識而言這已是第六、第七意識。雖然大清明之心仍然屬於分別心，與唯識所說的轉第八意識阿賴耶識成大圓鏡智有層次上的分別，但調理認知主體的能見度，試圖由蒙昧轉清明以便清楚照見外在世界，此一思路是相同的。

對於荀子之心有較全面闡述者，以朱曉海以及潘小慧兩位爲先。朱氏研究荀子的心性論允爲論荀重要著作，但他以爲荀子所擁有的是情欲認知心，在討論天君之處將荀子之心定義爲合血氣、志意與思慮爲一。〔註85〕朱氏如此定義將因爲血氣、情欲的干擾，讓化性起偽的工夫修養無法奏效，但如果參照性→情→欲→心→慮→智→能→偽荀子的內聖思想比較完整詳細的劃分，這幾個關鍵字在荀子的架構中自有分明定位，彼此關係環環相扣，可以瞭解血氣的部份不能歸於心，應該劃歸性情欲；志意的部份可以劃歸於能，真正屬於心是認知的部份，但心不只是認知、照見，還具主宰義、能自由選擇、帶動人爲工夫，促使知性主體導出工夫修養道德實踐。

潘小慧對荀子論心的分類非常詳審：

〔註84〕 唐君毅所用的語詞爲知道與行道：「荀子蓋即自此著眼，而言其理，乃不分當然之理與所以然之理爲二，其言知道直接連於行道、體道。不以人有知與行，而分道爲二也。在人之實往行「道」之時，人即有一自己命令其自己之心。此即荀子所謂能「出令」而「自禁、自使、自奪、自取、自行、自止」之心。今所謂意志行爲的心是也。知道之心即連於行道之心，則知道之道心，即同時爲一行道之道心。此道之全體之意義，即亦應爲兼通於吾人之知之事與行之事者之全，不可說其祇是一知識之對象者也。」《中國哲學原論‧原道篇》（臺北市：臺灣學生書局，1986年），頁466。

〔註85〕 朱曉海：《荀子之心性論》（香港大學中文系，1993年），頁176、219。

> 荀子書中言「心」計有一百五十六處，按照意義及功能不同，筆者
> 歸納出四種類型的心，分別爲「情欲心」、「自主心」、「認識心」及
> 「道德心」，其中「自主心」和「認識心」爲荀子學說中所特別強調
> 者，二者可相合成一種較爲廣義之認知心，筆者將之命名爲「解蔽
> 心」，以此作爲貫穿全文的中心概念。〔註86〕

其分類鉅細靡遺搜尋荀子原典做一完整歸納，情欲心已如上述應歸於性情欲
的部份，潘小慧更細膩之處在於承認荀子的心有自主與認知兩種特點，若能
丈量荀子認知心的深度，則可由更通透寬廣的角度去彰顯荀子論心的優越
處，前文筆者嘗試引用唯識比較用意即在於此。

二、心能生起價值否？

　　就荀子而言形上或宇宙論式的生不是價值所在，如天地生君子；重要的
是能將混亂的經驗世界轉成理性的理想世界，人文化成才是價值所在，也就
是君子理天地。說心能生起價值或許可轉換成荀子的語彙：禮樂教化生於聖
人之僞，聖人之僞能生起文明價值，如此敘述會更爲完整。認知清明之後重
點在能展現道德行爲，有眞知然後有眞人。

　　（一）荀子的外王思想見於周孔聖王及禮樂教化。

　　「第一個聖人如何產生？聖人如何製禮作樂？周孔先王向誰學習？如何
傳遞經驗？」凡此種種皆是學界慣常舉出的質疑。仔細咀嚼以上質疑皆屬於
典型形上思考式的提問，由原典可見荀子很有自覺避開形上式的思考，轉而
採取經驗式人間世的回答，此爲學界共識。荀子的經驗世界不只是眼睛看得
見、耳朵聽得到，也上溯曾經存在的歷史典範人物，眼前雖然混亂，但不妨
礙史上堯、舜、禹、湯、文、武、成王、周公皆是吾輩學習典範，訴諸傳統
文化自然也具有效性。陳禮彰曾解聖人如何生禮義，他以爲放在具體歷史文
化的傳統中便能理解，就後王而言非前無所承，是因革損益而生禮義，第一
位先王秉清明之心簡單制法再踵事增華，如此便能解開第一位聖人如何產生
的形上式提問。〔註87〕

〔註86〕 潘小慧：〈前言〉《從解蔽心看荀子的知識與方法學》（輔大哲學研究所碩士論
　　　　文，1986 年）。
〔註87〕 陳禮彰：《荀子人性論及其實踐研究》（師範大學國文研究所博士論文，2009
　　　　年），頁 135。

（二）「塗之人皆可以爲禹」，銜接眾人與聖人之間的落差

「塗之人皆可以爲禹」讓荀子的理論由特殊性，僅聖人能展現價值，進而有了「皆可以爲」的普遍性，雖然皆可以爲禹，但不代表人人皆能爲禹，還得看塗之人願不願意爲禹。此說實際展現人由原始性情而文明理性，由知而行層層升進的樸實歷程。

荀子的思慮縝密周全，在品評諸子之餘也消化吸收對方優點，評老莊如此，墨子如此，天論亦如此，此處便是吸收孟子的長處，荀子人性之中除了惡，更重要也有善，如果著一「善」字易混淆，吾人或可稱爲人性潛在的美好。應該說他表面上持性惡立場，實則其潛在前提爲人性美好，只是善不足以解釋當下人間世所見的現象，所以在善之外補充惡。荀子有見於戰國戰爭激烈，看不見善行，故從現象談性惡；但知人性有美好的成分，故主張塗之人可以爲禹，荀子語彙之善，不能停留在潛能狀態，必須至於踐行而止矣，是爲荀子思路的兩段式說法，兩者皆是荀子的人性觀，這是由性而僞可能實現的基石，也是荀子諄諄勸學、提倡禮樂教化的前行基礎。〔註88〕

唐君毅道：「（孟子）此心初乃一直接面對人物而呈現出之心，初非反省而回頭內觀之心。」本段頗有啓發性，孟子的惻隱之心剛開始不是內省的心，而是直接面對人物所呈現出來的心，同於孔子的人與人之間的「仁」心，袁保新強調孟子的「心」應該被界定爲一種通向生活世界、建立價值秩序的「存在能力」，此說豈不與荀子所言甚近？〔註89〕

陳禮彰〔註90〕以爲荀子之心經虛靜而得的統類心、明覺心可生道，已是實踐主體，不只實踐意識。其實荀子認知主體之心清明故可以理天地，而禮義生於聖人之僞，是混亂污濁的經驗世界，由聖人之僞調理之後得井然有序的人類文明之生，先有認知理性自然引出道德理性。

在荀子內聖思想的結構是一整套的機制考慮：性→情→欲→心→慮→知→能→僞其中的人爲之僞是價值根源指向，人爲之僞能生理，即聖人的化性起僞，周公的製禮作樂。價值不寄託於外在超越界，人的價值根源起於

〔註88〕此處可參考劉又銘：〈從「蘊謂」論荀子哲學潛在的性善觀〉，《「孔學與二十一世紀」國際學術研討會論文集》（臺北市：政大文學院，2001 年）。

〔註89〕袁保新：〈天道、心性與歷史——孟子人性論的再詮釋〉，《哲學與文化》第 22 卷第 11 期（1995 年 11 月），頁 1015。

〔註90〕陳禮彰：《荀子人性論及其實踐研究》（師範大學國文研究所博士論文，2009 年），頁 120。

自己澄清認知主體，尋求內在超越，這是值得鼓勵的人文精神。由此回想荀子的實踐主體為何應該劃然冰釋。老子談五色令人目盲，五音令人耳聾，五味令人口爽，馳騁畋獵令人心發狂，難得之貨令人行妨，除了談虛靜，老子也談不虛靜，心之虛與不虛都不是空談，而是要聯結到知之後的行，耳目感官的奔馳將造成行為失序，荀子順此思路去談性情與人偽，並非純粹的認知興趣，最終指向人的道德行為改變。

參、小結

　　若欲了解荀子對認知主體的看法，在〈解蔽篇〉可得線索。荀子以為認知主體有障蔽，是以需要解除障蔽。文中他先確認何謂蔽，並將蔽分為當今之蔽、耳目感官之蔽與歷史之蔽，歷史之蔽又分為君臣之蔽與諸子之蔽。解蔽之道有二，一、為兼陳萬物衡以禮義之道，二、為虛壹而靜。為闡明荀子認知主體的深度，筆者援引唯識以解虛靜，此一研究方向在清末明初已有學者啟其端。解蔽後的境界，君子自得胸中乾坤可理天地自然。荀子之認知主體是價值根源，只是需要一番深度的沉澱或轉化才能啟動人文化成。如果說莊子的思想型態是有真人而後有真知，則荀子的思想型態便是有真知而後有真人。

第三節　由〈性惡〉諸篇看荀子內聖思想橫向開展的移動

　　由前面第一節、第二節的爬梳我們可以看見〈正名篇〉荀子內聖思想結構橫向與〈解蔽篇〉縱向的開展，第三節主要以〈性惡篇〉為主，〈正名篇〉中屬於本能的性情在〈性惡篇〉加上道德判斷，這是有進於前兩篇的重點。筆者以為荀子的人性論前提表面是性惡，但隱藏性善前提，即使不如此樂觀看待，保留一點說，可以表述為人性是可改變的。在性情與人為之間，人可以選擇積善成聖人君子，也可以縱性情、安恣睢繼續當小人，本篇沒有明言清明心，但情然而清明的天君之心能擇能慮的前提隱含其間，荀子是準清明心來看性情。〈性惡篇〉隱涵這個可左可右的內在結構，分別展示不能左與不能右的實際狀態，以及荀子化性起偽的理想期待。聯結三篇正好完成荀子靈活多元，且照顧周全的動態內在結構。

　　或有域外學者以為〈性惡篇〉非出自荀子之筆，金谷治、Donald J. Munro
與金勝惠皆主此說。〔註91〕Donald J. Munro 道：

　　這些傳統解釋經常將荀子人性論總體上過度簡單化，一般是完全以
　　〈性惡篇〉的第一步部分的少數引文為依據。但金谷治通過對劉向
　　版《荀子》的詳盡研究，引起了一場有趣的爭論，他認為至少該章
　　的第一部分是荀子的晚期弟子受到法家學派韓非的影響而寫成
　　的。……除了金谷治詳細闡述的文本證據之外，下述事實也足以
　　促使人們非常謹慎，避免在考察荀子思想時，賦予性惡過於重大的
　　意義。首先，荀子一書的其餘部分再未提及性惡論，如果性惡論真
　　那麼重要，這是匪夷所思的。其次，荀子真正關心的問題相當明顯：
　　不實行禁欲苦行，而如何達到一種物質（供應短缺）和人欲（特別
　　眾多）間的平衡。最後，在著作的其餘部分中提到的「性」顯然不
　　是「惡」的，而是一種尚待發展的東西。一個可以被認為是「卑賤
　　的」（「陋」）或是「小人」，但這無礙於他後來成為一個好人（一個
　　建立、參與社會組織的人）。荀子說：「性者，本始材朴也，偽者，
　　文理隆盛也。無性則偽之無所加，無偽則性不能自美。」〔註92〕

Munro 所言值得參酌，後文將有逐步解說。周熾成與林佳榛近年亦發表論文力
主〈性惡篇〉非荀子所作以及荀子是性樸論者，整理由有四：

1. 列舉歷來主張〈性惡篇〉非荀子所作的學者：劉念親、蔡元培、高步瀛、
　　金谷治、兒玉六郎、島豐睦。

2. 從理路上來反駁：荀子〈性惡篇〉并非以性惡駁性善并立性惡論，而是以
　　性無善駁性善并立性樸論、習偽論。

3. 從編輯上來反駁：劉向在編《荀子》時把〈性惡〉夾在〈子道〉和〈法行〉
　　之間，而這兩篇以及〈宥坐〉、〈哀公〉、〈堯問〉等都被公認為不出自荀子
　　之手。《性惡》不是一篇完整的、前后一致的論說文，而是荀子學派對人性
　　不同看法的匯集。

〔註91〕佐藤將之引金谷治的說法：〈二十世紀日本荀子研究之回顧〉，《國立政治大學
　　　　哲學學報》第 11 期（2003 年 12 月），頁 46～47。Donald Munro, *The Concept
　　　　of Man in Early China* Stanford: Stanford University Press, 1969, p.78. 鄭宰相介
　　　　紹韓國學者金勝惠見解略同。〈韓國荀子研究述評〉，《漢學研究集刊》第 3 期
　　　　（2006 年 12 月），頁 199。
〔註92〕《早期中國「人」的觀念》（北京大學出版社，2009 年），頁 85。

4. 從文章章法來反駁：分析〈性惡篇〉的文本結構可發現它不是一篇完整的論說文，而是由七個不同的模塊拼湊起來，其中有太多的不一致、前後矛盾。〔註93〕

　　《荀子》全書文字疏理工作有其必要，首先要釐清荀子著書的架構以〈性惡篇〉貫串其他篇章擴大詮釋基礎層面，第二，疏證〈性惡篇〉的段落真偽以免沙金俱存；第三，整理全篇關鍵概念，整理全篇論證，如此一來，荀子性惡的意義便能彰顯。〔註94〕

　　本篇的文氣頗盛，但論證不似前兩篇環環相扣，錯簡之處所在多有。可能為荀子後期作品經弟子補綴，也可能係劉向編輯時錯置，總之，以文章而言多處是雜湊成文、順序錯亂，並非原典中的代表作；但以思想而言，不可否認是影響重大的論點。

　　第三大段「凡古今天下之所謂善者，正理平治也；所謂惡者，偏險悖亂也：是善惡之分也。」其中「故為之立君上之勢以臨之」及「重刑罰以禁之」與全篇所著重之概念不太相侔，全篇所談之主詞為聖王君子或眾人、小人、塗之人，另外從前文至此多談禮義師法，插入「重刑罰以禁之」略顯突兀扞格，並非荀子不可涉入法家色彩，而是本篇若以重要關鍵字來看，本句明顯是歧出，是以暫且擱置。

　　第三大段「枸木必將待檃栝蒸矯然後直」文意與第一大段第二小段重出。第四大段「夫陶人埏埴而生瓦，然則瓦埴豈陶人之性也哉？」與第二大段第一小段「人之性惡則禮義惡生」重出，亦暫且存而不論。

　　第五大段第四小段「有聖人之知者，有士君子之知者，有小人之知者，有役夫之知者」，第五小段「有上勇者，有中勇者，有下勇者」與前後文意不聯貫，應為錯簡。

　　第一大段的三小段完整論述「人之性惡，其善者偽也」，第四小段移至第三大段談「性善之歸謬論證」。

─────────────

〔註93〕周熾成：〈荀子人性論：性惡論，還是性樸論？〉，《江淮論壇》第 5 期（2016年）。
　　　　林佳榛：〈荀子性樸論的提出及評議〉，《邯鄲學院學報》第 1 期（2016 年）
〔註94〕陳大齊：《孟子性善說與荀子性惡說的比較研究》（臺北市：中央文物供應社，1953 年）。陳大齊以持平立場整理孟荀雙方交叉辯論的論點，條分縷析、層層深入。陳氏以為雙方歧見不大，皆非不固善或固惡，可說是向善或向惡。本文立場近似陳大齊，但補上〈解蔽〉、〈正名〉諸篇做為討論脈絡，希望有助於理路通透。

第二大段第三小段「苟無之中必求於外，人之欲爲善者爲性惡也」論點不甚堅實，先行擱置。

壹、〈性惡篇〉重要觀念疏證

在第二章第二節第六項討論荀子的「概念名篇」，提及楊筠如對於古籍名篇的意見曾道古書的題篇有兩種辦法：第一種辦法取篇首兩個字，或者第一句中間兩個主要的字眼做爲篇名。這類書籍大約是後人或門弟子所編纂，篇名也是編纂人所題，比如《論語》、《孟子》都屬於這一類。就原始意義而言，可以稱爲語錄體。第二種辦法，是取一篇大意做篇名。這一類書籍有自作，也有後人編述，可說是先有篇題而後有文章。比如《莊子》內篇，和《墨子》、《韓非子》中間一部分較爲可靠的各篇大致都屬這一類。〔註95〕

楊筠如所說的大意名篇即是本文所說的概念名篇，《荀子》目錄標題所見即是由語錄體以篇首爲題，轉向論文體以主旨爲題的過渡狀態。《荀子》將《論語》、《孟子》寫作架構零散的對話語錄，轉換爲層層深入的單一議題論述，這是一個時代的寫作趨勢，前代的《墨子》、《莊子》以及時代稍後的《韓非子》皆慢慢朝向新趨勢發展。

由前文所見，〈性惡篇〉在荀子原典中即屬於以篇首爲名，而非以主題爲名，因爲審度全文主旨實在說明「化性起僞」，而非止於性惡，若改爲〈性僞篇〉或許更爲貼近原旨。文字與段落調整過後，整理基本論點共得四項：一、人之性惡，其善者僞也。二、禮義師法生於聖人之僞。三、性善之歸謬證法。四、人的自由意志會選擇潛能狀態或實現狀態。〔註96〕此四項論證共同證成化性起僞。

一、人之性惡，其善者僞也

「人之性惡，其善者僞也。」荀子扣住與孟子相同的關鍵字「性」與「善」立說，就此而言，可推得荀子對孟子學說有某種程度的掌握。接著孟子之後，他發展出自己的觀點「人之性惡，其善者僞也。」孟荀論性有同有異。

〔註95〕楊筠如：〈關於荀子本書的考證〉，《古史辨》第六冊（臺北市：藍燈文化，1987年），頁133。

〔註96〕徐復觀：〈第八章從心善向心知──荀子的經驗主義的人性論〉，《中國人性論史‧先秦篇》，（臺北市：臺灣商務印書館，1969年），頁235～237。徐復觀對荀子性惡的論點整理出五項觀點，對本文頗有啟發。

（一）人之性惡

孟荀論心性自有相同處，由正面看來荀子〈正名篇〉、〈解蔽篇〉兩篇有關心性部份的主要概念與孟子重複，羅列孟子原典中「性」、「情」、「欲」、「心」、「慮」、「知」、「能」、「人皆可以爲堯舜」諸字爲例即可爲證：

性——孟子論人之異於禽獸處，並執此與告子辯。〔註97〕

情——全書與性字常聯用。

欲——「可欲之謂善。」〔註98〕

心——公都子問曰：「鈞是人也，或爲大人，或爲小人，何也？」孟子曰：「從其大體爲大人，從其小體爲小人。」曰：「鈞是人也，或從其大體，或從其小體，何也？」曰：「耳目之官不思，而蔽於物；物交物，則引之而已矣。心之官則思，思則得之，不思則不得也。此天之所與我者，先立乎其大者，則其小者不能奪也。此爲大人而已矣。」〔註99〕

「人皆有不忍人之心。……凡有四端於我者，知皆擴而充之矣，若火之始然，泉之始達。苟能充之，足以保四海；……」〔註100〕

「盡其心者，知其性也。知其性，則知天矣。存其心，養其性，所以事天也。」〔註101〕

慮——魯欲使樂正子爲政。孟子曰：「吾聞之，喜而不寐。」公孫丑曰：「樂正子強乎？」曰：「否。」「有知慮乎？」曰：「否。」「多聞識乎？」曰：「否。」「然則悉爲喜而不寐？」曰：「其爲人也好善。」故天將降大任於是人也，必先苦其心志，勞其筋骨，餓其體膚，空乏其身，行拂亂其所爲；所以動心忍性，曾益其所不能。人恆過，然後能改；困於心，衡於慮，而後作；徵於色，發於聲，而後喻。〔註102〕

人之有德慧術知者，恆存乎疢疾，獨孤臣孽子，其操心也危，其慮患也深，故達。〔註103〕

知與能——「人之所不學而能者，其良能也；所不慮而知者，其良知也。」〔註104〕

〔註97〕　〈告子上〉，《孟子》（臺北市：藝文印書館，1985年），頁192。
〔註98〕　〈盡心下〉，《孟子》（臺北市：藝文印書館，1985年），頁254。
〔註99〕　〈告子上〉，《孟子》（臺北市：藝文印書館，1985年），頁204。
〔註100〕　〈公孫丑上〉，《孟子》（臺北市：藝文印書館，1985年），頁65。
〔註101〕　〈盡心上〉，《孟子》（臺北市：藝文印書館，1985年），頁228。
〔註102〕　〈告子下〉，《孟子》（臺北市：藝文印書館，1985年）頁223。
〔註103〕　〈盡心上〉，《孟子》（臺北市：藝文印書館，1985年），頁232。
〔註104〕　〈盡心上〉，《孟子》（臺北市：藝文印書館，1985年），頁232。

人皆可以爲堯舜——曹交問曰：「人皆可以爲堯舜，有諸？」孟子
曰：「然。」〔註105〕

孟荀論心性自有相同處，由負面看來，孟子除了談善，也談到惡、
談到心性不完美的狀態，此一不完美的狀態是由自暴自棄，讓本
心本性放失而引起。

小體、耳目之官不思——同上。〔註106〕

放心——雖存乎人者，豈無仁義之心哉？其所以放其良心者，亦猶斧斤之於
木也，旦旦而伐之，可以爲美乎？」〔註107〕

人有雞犬放，則知求之；有放心，而不知求！學問之道無他，求其
放心而已矣。〔註108〕

自暴自棄——自暴者，不可與有言也；自棄者，不可與有爲也。言非禮義，
謂之自暴也；吾身不能居仁由義，謂之自棄也。」〔註109〕

孟子這些概念在書寫形式上並沒有確切的字辭定義，也沒有形成系統論述，
孟子語錄式的寫作方式、沛然莫之能禦的文字風格，本來與荀子條理井然的
議論文體有別，這是可以理解，無需強之以爲同。荀子遣辭用字與孟子在字
形上相同，唯有異於孟子之處在重建字義義涵，並予以概念化、系統化論述。
孟子雖然以「盡心、知性、知天」的縱貫系統爲主，有人之性善的超越本源，
但孟子也照見人性的缺失與不完美，瞭解人間世界的失序，就孟子的語彙而
言，這些是因爲從其小體、未求其放心、旦旦而伐之所致。由以上有關概念
設立、照見人性兩端的系統這兩處而言，孟子與荀子在心性論述其實頗有雷
同之處。

　　孟子的人性論述系統已見周全規模，既然如此，到了荀子之世何以需改
弦更張？此處有四點可簡單說明：第一，以時序而言，孟子在前，荀子在後。
第二，荀子熟悉孟學。荀子在青少年時期繼孔、孟之後來到齊國，久居稷
下，其間三爲祭酒，所撰寫的〈非十二子〉，至今仍爲後人所引用。由此段史實來

〔註105〕〈告子下〉，《孟子》（臺北市：藝文印書館，1985年），頁210。

〔註106〕〈告子上〉，《孟子》（臺北市：藝文印書館，1985年），頁204。

〔註107〕〈告子上〉，《孟子》（臺北市：藝文印書館，1985年），頁200。

〔註108〕〈告子上〉，《孟子》（臺北市：藝文印書館，1985年），頁202。

〔註109〕〈離婁上〉，《孟子》（臺北市：藝文印書館，1985年），頁132。此項感謝陳
大齊的啓發：《孟子性善說與荀子性惡說的比較研究》（臺北市：中央文物供
應社，1953年），頁23。

推測，荀子應該不是一個率爾立論之人，對於孟子性善應不陌生，對於性善說的優點應可理解。第三，荀子曾就心以言性。他是贊成孟子的，只是用隱微的方式贊成，但對於潛質部分是用含蓄委婉的方式藏著說，此所以原典也暢談修身、勸學與禮樂教化，如果荀子的人性只有性惡，那麼，凡是原典開首如勸學、修身、禮論、樂論一系列重要篇章將成戲論。綜合一顯一隱的表達方式才能完整描述荀子的人性立場。荀子在〈勸學篇〉與〈性惡篇〉的例子即可見荀子仍隱微地承認為人性美好。荀子下筆審慎，敏於遣詞用字，〈性惡篇〉之後一段所引繁弱、鉅黍、桓公之蔥、太公之闕、文王之錄、莊君之曶、闔閭之干將、莫邪、鉅闕、辟閭以及騹驥、驊騮、纖離、綠耳凡此種種再三修辭，非僅為刻鏤文字，更見文字背後的殷殷期勉，人的潛質原來美好，但需要外在的環境條件的切磋砥礪。另外，全書以〈勸學篇〉為始，後世於荀子思想對此處最無爭議，然而荀子果真對人性採取不信任的立場，也就無從勸起，也無須勸勉。此一勸字隱藏對於人的肯定的前提，肯定人是可以為的。以〈勸學篇〉所引青與藍，冰與水，木與輪，金與利，前者與後者是有相同的潛質，如果潛質完全不同，則將有如煮沙不能成飯，鍛造不可能為功。荀子為何必須有此前提假設？主要乃在貞定勸學之學的有效前提。此等文字透露荀子以為師為長的口吻殷殷勸勉後進，吾人或可體會性惡說對於荀子而言是個起點，亦可說是策略，背後想帶出的是不已積學的修養功夫，與禮樂教化的文明理想，後世咀嚼前賢文字，是否可理解其間有其用心良苦之處。第四，時至戰國，荀子未繼續傳承孟學即心以言性，因為他所在的年代，儒學面貌與孔孟當年已有不同，他必須改弦更張，才能向前弘揚儒學。

　　荀子的改變若由內聖結構來說，荀子保留在孟子語言中擔任耳目之官長的心，除了心之外，〈正名篇〉將性、情、欲、心、慮、知、能、偽一字排開逐一定義，由性而偽延長整個鍛鍊過程，〈解蔽篇〉則由耳目感官往下沉潛，展現認知主體的縱深，荀子試圖以認知之心為原點，規劃縱橫交錯的結構，呈現更縝密精確的內聖工夫次第。荀子為每個概念逐一下定義，並彰顯各概念的關聯；其中「性」被荀子改易為天生自然，指心理與生理層面的本能，字形相同但字義與孟子異趣；再作深度闡發，如汲取老莊談虛壹而靜的大清明之心；進而自鑄新詞，如化性起偽之「偽」字，這是荀子重新設計後的內聖架構。

　　荀子的改變若由原典來說，荀子應該熟悉孟子言四端的章法，〈性惡篇〉開宗明義以人生而有好利、疾惡、殘賊、偏險悖亂、好耳目聲色等生理與心理缺失以對比孟子的惻隱、羞惡、辭讓等善端。孟子也提到人性的消極面如從其小體、放心、耳目之官則不思，但並不做為前題，只是性善的補充說明。

　　由〈正名篇〉、〈解蔽篇〉以及〈性惡篇〉歸納以心「理」性有兩條路線，一條是從內在由「人為」來理「性情」，另一條是從外在由「聖人」、「禮義」、「師法」來理「性之惡」。這兩條理路可解讀為兩個類型，兩個階段，重點在於性惡不是唯一的一條途徑，荀子並不是一開始便作出「人性惡」的判斷。由性而偽的心理結構在〈性惡篇〉被操作得非常熟練，與聖人、禮義與師法開始作精確的接榫，思路紹續〈正名篇〉與〈解蔽篇〉，應為荀子後期的作品，或為弟子循荀子舊徑事後追記，明顯有編輯雜湊痕跡，理路不如〈正名篇〉、〈解蔽篇〉謹嚴清暢。

　　當代學者如何看待性惡？我們以張灝與唐君毅為例。張灝由儒家的成德與修身工夫來看荀子性惡，他將儒家思想與基督教傳統比較，討論荀子的性惡說意義。〔註110〕張氏以為基督教傳統乃由人性的昏暗陷溺談救贖，儒家思想重點在成德，然而強調成德就蘊含著現實生命缺乏德性，意味著現實生命是需要淨化提昇，張灝由此詮釋荀子的人性思想。

　　唐君毅對荀子的人性討論亦值得參考。〔註111〕唐君毅以為人愈有理想，

〔註110〕「儒家思想與基督教傳統對人性的看法，從開始的著眼點就有不同。基督教是以人性的沉淪和陷溺為出發點，而著眼於生命的救贖。儒家思想是以成德的需要為其基點，而對人性作正面的肯定。不可忽略的是，儒家這種人性論也有其兩面性。從正面看去，它肯定人性成德之可能，從反面看去，它強調生命有成德的需要就蘊含著現實生命缺乏德性的意思，意味著現實生命是昏暗的、是陷溺的，需要淨化、需要提昇。沒有反面這層意思，儒家思想強調成德和修身之努力將完全失去意義。因此，在儒家傳統中，幽暗意識可以說是與成德意識同時存在，相為表裏的。……孔子以後，幽暗意識在原始儒家裡面有更重要的發展，主要因為成德和人性之間的關聯變成思想討論的焦點，荀子在這方面的思想當然是最為突出的。他的性惡論就是對人性的陰暗面作一種正面的抉發……。」參考張灝：《幽暗意識與民主傳統》（臺北市：聯經出版事業公司，1989 年），頁 19～20。

〔註111〕「是見由天就之性初無惡之義，如耳聰目明之自身，即不可說為惡者。然則荀子之所以又明言性惡者，何也？吾今之意，以為荀子所以言性之惡，乃實唯由與人之偽相對較，或與人之應積能習，勉於禮義之事相對較，而後反照出的。……唯人愈有理想，乃愈欲轉化現實，愈見現實之墮性之強，而若愈與理想成對較相對反；人遂愈本其理想，以判斷此未轉化之現實，為不合理

便越想轉化現實，讀荀子人性應從此處著眼。不贊成只從客觀經驗中看見種種人性惡，或者有見於天性之惡，然後提倡人偽以化性，凡此議論皆未達荀子之旨。他以為荀子所以言人性之惡，乃與人之偽，與人之慮積能習，與勉於禮義之事相對較而來。

在〈性惡篇〉中，荀子扣住孟子學說中「性」與「善」兩個關鍵字立說，可見嫻熟孟子，之後，他發展新觀點：「人之性惡，其善者偽也。」重新定義善。荀子〈正名〉、〈解蔽〉兩篇有關心性部份的主要概念與孟子重複，例如「性」、「情」、「欲」、「心」、「慮」、「知」、「能」、「人皆可以為堯舜」等，荀子遣辭用字與孟子在字形上相同，唯有異於孟子之處在重建字義義涵，並予以概念化、系統化論述。孟子的人性論述已見周全規模，既然如此，荀子為何要改弦更張？回顧荀子原典，儒學曾經輝煌，但荀子所見是儒門弟子的表現。〈性惡篇〉旨在解釋經驗世界，旨在循循善誘，勉勵眾人化性起偽拾級而上重振禮樂文明。綜合〈正名〉、〈解蔽〉與〈性惡〉，荀子以「心」理「性」有兩條路線，一條從內在由「人為之偽」理「天生性情」，另一條是從外在由「聖人」、「禮義」、「師法」理「性之惡」，這兩條理路可解讀為兩個類型。荀子的重點在說明化性起偽，如果不由第二道路徑，尚有第一道路徑，也就是性惡並非必定要談。當代學者如何看性惡呢？我們舉唐君毅與張灝為例。唐君毅以為應從荀子道德文化之理想主義看，為人欲有理想，乃欲想轉化現實。張灝則以為儒家談成德意識其實便蘊涵現實生命是需要淨化與提昇。

（二）順是必出於爭奪

> 人之性惡，其善者偽也。今人之性，生而有好利焉，順是，故爭奪生而辭讓亡焉；生而有疾惡焉，順是，故殘賊生而忠信亡焉；生而有耳目之欲，有好聲色焉，順是，故淫亂生而禮義文理亡焉。然則從人之性，順人之情，必出於爭奪，合於犯份亂理而歸於暴。故必將有師法之化，禮義之道，然後出於辭讓，合於文理而歸於治。

〔註112〕

想中之善，為不善而惡者。故荀子之性惡論，不能離其道德文化上之理想主義而了解。今若只視荀子為自客觀經驗中見種種人性惡之事實，乃歸納出此性惡之結論，或先有見於天性之惡，然後提倡人偽以化性，皆一間未達之言，而尚未深契於荀子言性惡之旨者也。」參考唐君毅：《中國哲學原論・原性篇》（臺北市：臺灣學生書局，1984年），頁48～49。

〔註112〕　《荀子集解・考證》（臺北市：世界書局，2000年），頁399～400。

一般學界在理解這一段都從人之性惡開始說起，本段亦可從爭奪生辭讓亡、殘賊生忠信亡、淫亂生禮義文理亡共同形成荀子的眼見耳聞的世界開始解釋，荀子不停留在現象層面，追本溯源以爲這些現象來自人生而好利、人生而疾惡、人生而有耳目之欲又好聲色，共同形成荀子所謂惡，如果「順是」則將流於爭奪暴亂，呼應孟子的「存養擴充」，只是前提不同，順是的結果自然各異。順是必出於爭奪，這是荀子的眞實經驗世界，反襯孟子所說存養擴充之後，必充塞於天地之間大丈夫的浩然正氣。「荀子此一論證之方式乃是運用歸納和因果之結合，以論證其性惡之主張。」〔註113〕孟子主張人性善，經存養擴充順勢發展即能滿溢於天地之間，荀子歸納了三項人性的弱點，由行爲結果去回溯行爲原因，推出與孟子不一樣的結論，順是必出於爭奪。

（三）其善者僞也

「僞」字之解釋已見前文。孟子的善是可欲之謂善，人皆有不忍他人受傷害之心等四端。荀子也談善，他提出自己對善的定義是不能只停留在潛能狀態，必須是付諸實踐的人爲之僞。性、情、欲、心、慮、知、能皆爲孟子所本有之關鍵字，但爲了完整描述自己的觀點，荀子除了沿用這些關鍵字之外，另造出一「僞」字，單一個「僞」字，不只有別於孟子的天生善性，也與老莊「無爲」劃分立場。論者往往以荀子襲用道家「虛靜心」便目之爲儒學歧出，宜再三斟酌。

「古者聖王以人性惡，以爲偏險而不正，悖亂而不治，是以爲之起禮義，制法度，以矯飾人之情性而正之，以擾化人之情性而導之也，始皆出於治，合於道者也。」人類天生的性情在〈正名篇〉得到正面討論，並得到柔性調養，但在〈性惡篇〉則需要更積極的檃栝烝矯與礱厲，荀子前後兩篇可見兩類思路發展。無論柔性調養或積極的矯治，最後是以禮義文明爲依歸。

「荀子是用類比之方式來論證人之性惡」〔註114〕原文以枸木與鈍金來比喻人性的粗糙狀態，必需經過矯正與琢磨才能展現原來潛藏的端正與鋒利。金與木這樣的類比很具體表達出荀子的人性主張：表面前提是性惡，潛在前提是人性自有美好的成分，重點在中間的鍛鍊過程，讓這份美好由潛能而實現，荀子定義實現者爲善。什麼是君子？「今人之化師法，積文學，道禮義者爲君子」；什麼是小人？「縱性情，安恣睢，而違禮義者爲小人。」

〔註113〕李哲賢：《荀子之名學析論》（臺北市：文津出版社，2005年），頁57。
〔註114〕李哲賢：《荀子之名學析論》（臺北市：文津出版社，2005年），頁58。

　　荀子談人性乃因孟子而起，所以談荀子之「其善者」，勢必參考孟子之善。孟子的大體與小體約略等同於荀子的理性之心與感性之性，只是荀子繼續爲孟子心性作補充說明。金與木這樣的類比很具體表達出荀子一貫的人性主張：表面前提是性惡，潛在前提是性善。只是此處的善必須分兩層說明：荀子其實也肯定孟子主張人有善的潛伏狀態，只是荀子定義下的善不能只是潛伏狀態，必須是付諸實踐的人爲之僞，故曰：其善者僞也。

　　本文只捻出性、僞兩端，但結合第二節〈正名篇〉所示，背後展現了內聖思想完整的橫向架構：性→情→欲→心→慮→知→能→僞，由原始本能而學習完成首尾兼顧的歷程，論性由經驗所見往內推，性顯然是惡的，人爲之僞才是認知主體沉澱轉化後的善層次。

二、禮義師法生於聖人之僞

　　在荀子的思想中，禮義師法應理解爲與天生本能狀態相對的人類文明的結晶，這是荀子在人間世界，回溯歷史所尋得的超越根源，也擬提供爲後世踐行之指南。荀子一心嚮往先王周孔禮樂教化，世界混亂無妨，史上曾經有過輝煌的古代，這輝煌的古代該如何解讀，背後代表的是對於人類曾經出現理性文明高峰的禮讚。禮樂不是出於眾人之性情而是出於聖人之人爲。「荀子用類比論證來說明其主張。荀子將聖人之創製禮義，類比於陶人之製瓦及工人之製器。」〔註115〕瓦與器不是出於陶人工人之性，而是出於人之爲，不斷的琢磨與修整。

（一）聖人同於眾人者，性也

　　接著人之性惡，其善者僞也之後，荀子的第二道論證加入聖人、眾人討論，聖人與眾人之天生本能相同，此點至關重要，讓聖人有平凡的起點，頗爲親切，也鼓舞人心，這是荀子〈性惡篇〉的精采處，值得彰顯。視荀子之學重外在權威，可於此處留心。

（二）差別在於僞

　　那麼聖人自何處來？如何才能成爲聖人？荀子對聖人、眾人的定義很樸素：能點滴累積人爲之僞爲聖人，不能點滴累積人爲之僞爲眾人。爲何聖人能僞而小人不能僞？荀子在能與不能之間，假設人有情然而心爲之擇的自由意志，或聖人、或小人乃是個人的抉擇，如此樸素的定義讓由凡轉聖有跡可循。

〔註115〕李哲賢：《荀子之名學析論》（臺北市：文津出版社，2005年），頁60。

（三）聖人能化性起僞，成就禮義文明

順任人的天生本能，其結果是流於爭亂，欲挽此沉淪的動力在於聖人點滴累積人爲之僞，聖人積僞的目的在成就禮義文明，荀子將價值根源安置在聖人之僞。禮義師法生於聖人之僞，禮義師法應理解爲與天生本能相對的人類文明。什麼是聖人？聖人與眾人之本能相同。荀子對聖人、眾人的定義很簡易：能積僞者爲聖人，不能積僞者爲眾人。爲何聖人能僞而小人不能僞？荀子在能與不能之間，假設人有情然而心爲之擇的自由意志。

三、性善之歸繆證法

〈性惡篇〉也站在孟子性善的立場思考。

（一）如果人性善，善行應該與本性不相離

如果人性善，善心與善行應該合一，然而在荀子所聞見的世界，人即使有善心，但並沒有出現善行，荀子因此而質疑人性善。〔註116〕開始思索潛能與實現之間如何連結。

（二）如果性善，則人類的禮義文明（師、友、教化）將置於何地

此語若不詮釋將造成誤解，以爲不主張性惡則無法證成禮義文明，性惡成爲證明禮義文明的工具，但事實上人間文明自有其獨立的重要性，不一定由性善惡來證成。我們可以說世人不反對師友與教化的施設，但由師友與教化的存在，是否也可以反推人是需要再鍛鍊琢磨。

（三）即使性善，仍需要禮義文明（師、友、教化）的切磋琢磨

〈性惡篇〉篇後的繁複比喻很值得注意，容筆者引錄：

> 繁弱、鉅黍古之良弓也；然而不得排檠則不能自正。桓公之蔥，太公之闕，文王之錄，莊君之曶，闔閭之干將、莫邪、鉅闕、辟閭，此皆古之良劍也；然而不加砥礪則不能利，不得人力則不能斷。驊騮、騹驥、纖離、綠耳，此皆古之良馬也；然而必前有銜轡之制，後有鞭策之威，加之以造父之馭，然後一日而致千里也。夫人雖有性質美而心辯知，必將求賢師而事之，擇良友而友之。得賢師而事之，則所聞者堯舜禹湯之道也；得良友而友之，則所見者忠信敬讓

〔註116〕徐復觀言荀子之惡也可以與本性相離，見《中國人性論史先秦篇》。筆者以爲兩人雖然表面上各自主張善惡，但背後也都保留考慮到反方論點，例如孟子爲何屢屢言舜之事蹟，便耐人尋味。

之行也。身日進於仁義而不自知也者，靡使然也。今與不善人處，
則所聞者欺誣詐偽也，所見者汙漫淫邪貪利之行也，身且加於刑戮
而不自知者，靡使然也。傳曰：「不知其子視其友，不知其君視其左
右。」靡而已矣！靡而已矣！〔註117〕

文中所舉各式良弓、各色良劍、各種良馬性質美好，但需加上人為的切磋砥
礪，內在美好的材質才能由潛能而實現。在〈性惡篇〉末納入性善討論作為
結論甚佳，呼應前文筆者所主張荀子是顯性性惡，隱性性善，如果真以為人
性惡，何來繁弱、鉅黍；桓公之蔥，太公之闕，文王之錄，莊君之曶，闔閭
之干將、莫邪、鉅闕、辟閭；以及騏驥、驊騮、纖離、綠耳種種繁複的比喻，
此等文字背後透露荀子以為師為長的口吻殷殷勸勉後學，值得咀嚼斟酌。此
時再回過頭來看《荀子》首篇〈勸學〉「學不可以已」更能相得益彰，良馬寶
劍之喻亦見於〈勸學篇〉，篇中另有「青，取之於藍而青於藍」，「冰，水為之
而寒於水」，「木受繩則直」，「金就礪則利」等四例皆在說明即使材質良美仍
需後天薰陶與鍛鍊。

（四）可以是性善，但無辯合符驗

善心與善行應該合一，然而在荀子所聞見的世界，人即使有善心，但並
沒有與善行相聯，荀子因此而質疑人性善。我們可以說眾人皆不反對師友與
教化，但由師友與教化的存在，是否也可以反推人是需要再鍛鍊。即使如各
式良弓、各色良劍、各種良馬材質佳美，需要切磋砥礪，如果荀子真以為人
性惡，何來繁弱、桓公之蔥以及騏驥種種比喻，後人應須留意性惡說背後荀
子有其苦口婆心之處。以上即是荀子自性善角度衡量之後的結果。

四、自由意志可以選擇潛能狀態或實現狀態

荀子的道德修為是自律或他律？學界多以為是他律，要解決此一問題，
除了〈性惡篇〉之外，本段需搭配〈解蔽篇〉「情然而心為之擇謂之慮」，意
義才更顯豁，也才能展現因著自由意志由性情欲而智能偽，由智能偽而性情
欲的雙向性，解釋何以有凡有聖，有小人有君子。

（一）塗之人可以為禹，則然。

「塗之人可以為禹。」曷謂也？……塗之人者，皆內可以知父子之
義，外可以知君臣之正，然則其可以知之質，可以能之具，其在塗

〔註117〕《荀子集解‧考證》（臺北市：世界書局，2000年），頁412～414。

> 之人明矣。今使塗之人者，以其可以知之質，可以能之具，本夫仁
> 義法正之可知可能之理，可能之具，然則其可以為禹明矣。今使塗
> 之人伏術為學，專心一志，思索孰察，加日縣久，積善而不息，則
> 通於神明，參於天地矣。故聖人者，人之所積而致矣。〔註118〕

荀子拾起孟子「人皆可以為堯舜」的例句再一次討論，肯定天生性情在理想
上有可能走向人為文明的過程。塗之人即前文之眾人，眾人與聖人的差別只
在於積與不積，「今使塗之人伏術為學，專心一志，思索孰察，加日縣久，積
善而不息，則通於神明，參於天地矣。」「塗之人可以為禹」對平民眾庶是莫
大的鼓舞，只要點滴累積，可通於神明，可參於天地。

（二）塗之人能為禹，則未必然。

> 曰：「聖可積而致，然而皆不可積，何也？」曰：可以而不可使也。
> 故小人可以為君子，而不肯為君子；君子可以為小人，而不肯為小
> 人。小人君子者，未嘗不可以相為也，然而不相為者，可以而不可
> 使也。故塗之人可以為禹，則然；塗之人能為禹，則未必然也。雖
> 不能為禹，無害可以為禹。

前段談潛能可以實現，此段談潛能也可以不實現。「小人與君子未嘗不可以相
為」，說明了聖凡性偽兩端原來是流動的。塗之人「可以」為禹是理想上可以，
塗之人「能」為禹是事實不能，為何「不能」，「可以」與「可能」其中牽涉
到〈解蔽篇〉所說的「情然而心為之擇」，關乎「可以而不可使」的自由意志。
荀子所處的環境是小人不願意為君子的時代；先王禮樂為何那麼輝煌，那是
個君子不願意為小人的時代。人性在君子與小人之間有天君之心的自由意志
可以隨意選擇，這才能充份解釋人世種種的墮落與昇華。

> 足可以遍行天下，然而未嘗有遍行天下者也。夫工匠農賈，未嘗不
> 可以相為事也，然而未嘗能相為事也。用此觀之，然則可以為，未
> 必能也；雖不能，無害可以為。然則能不能之與可不可，其不同遠
> 矣，其不可以相為明矣。〔註119〕

「足可以遍行天下，然而未嘗有遍行天下者也。」〈性惡篇〉此段文字容易啟
人疑竇，果真如此，將談不成化性起偽，這也是筆者主張〈性惡篇〉其實非
荀子手著或佳作的原因之一。在潛能與實現之間，荀子的立場為何？筆者寧

〔註118〕《荀子集解·考證》（臺北市：世界書局，2000年），頁408～409。
〔註119〕《荀子集解·考證》（臺北市：世界書局，2000年），頁409。

可徵引可信度較高的〈勸學篇〉，荀子的立場是潛能可以實現。如果塗之人可以爲禹只是可能性，不可能眞正實現，那麼荀子無需著〈勸學〉諸篇，既然眾人不可能成聖，勸又何益？就是相信塗之人都可以爲禹，荀子才秉筆立說。

貳、談「虛壹而靜」與「化性起僞」

由〈性惡篇〉我們可以看見荀子公平客觀看待人性的「可以」與「不可以」，「可能」與「不可能」，此間荀子所眞正要提出的是「化性起僞」的工夫，並非「性惡」。然而在〈解蔽篇〉中我們看見心如果要能夠做到「情然而心爲之擇謂之慮」，則必須沉澱至大清明的狀態。「化性起僞」與「虛壹而靜」這兩層工夫的關係爲何？各自的特色爲何？這會是荀子思想的矛盾？虛壹是否眞的能靜？或者正可作爲荀子融鑄各家的示範？儒家式的無爲而無不爲？

一、荀子論「虛壹而靜」

荀子曾著〈非十二子篇〉，三爲齊國學界領袖，晚年居楚，應對當時學界所論的道家思想不陌生，荀子對於道家觀念的處理方式爲何？道家最重要的概念是「道法自然」，但荀子不取「道法自然」卻取「虛靜」，可見他對道家的工夫修養比較有興趣。論者常以「虛壹而靜」視荀子爲儒家之歧出，然而細審他在〈解蔽篇〉的「虛壹而靜」顯然不是道家原義，而是經過一番修正，愼守儒家立場。

無論老子或莊子之虛，皆是泯除一己私心成見，回復自然本眞。荀子之虛是指「不以所藏害所將受」，莊子在〈應帝王〉提到之藏言：「至人之用心若鏡，不將不迎，應而不藏，故能勝物而不傷。」雙方之「藏」遙相呼應。荀子是多藏之虛，有而虛，遵循的是爲學日益的塗轍；莊子是不藏之虛，無而虛，循的是爲道日損的路徑，同爲虛字但背後的思想假設是相當不同。老莊道家的「一」指的是超越唯一的道體本身，荀子的「壹」是不以此一害彼一有綜攝性的壹。荀子透過不同的虛與壹，但希望達到與老莊道家相同的寧靜境界——「不以夢劇亂知」，那是穿越混亂意識與潛意識的內在寧靜。

虛壹而靜是爲大清明心。學界同意荀子論心的特色在於主宰義，但心不能憑空得其主宰，必定有一番工夫修練，言荀子之心，主宰與清明虛壹靜同時兼顧，方爲得旨。立定虛壹靜的清明心才能啓動化性起僞的良性循環，而不被性所化。

二、荀子談「化性起偽」

無為是道家的工夫，有為是儒家的修養。荀子大部份的用詞多遵循自己在〈正名篇〉中所說的「約定俗成」，但是化性起偽之「偽」字卻是別出心裁，人與為這個會意字似與道家的「無為」相對峙。由「化性起偽」一詞，可見荀子在借用道家思想之後，不忘回歸儒者的立場。我們可以說綜合「虛壹而靜是謂大清明」以及「化性起偽」是荀子嘗試將老莊「無為而無不為」的工夫做一個儒家式的轉換，開啟後世儒道會通的先河。

參、小結

本篇應該是典型的篇首名篇，而非主題概念名篇，性惡只是開場白，重點在於聖人化性起偽。

1. 荀子目睹順任天生本能，人間會失序。他承認孟子的主張：人有善的潛能，但是對於善他自有定義：不能停留在潛能狀態，必須是付諸實踐的人為之偽，才是善的完成。

2. 眾人與聖人天生本能相同，能積偽者為聖人，不能積偽者為眾人。聖人積偽可成就禮樂文明。

3. 如果人性善，善性理應帶來善行。如果人性善，該如何解釋師友、禮樂教化存在的合理性？

4. 塗之人可以為禹則然，塗之人能為禹則未必然。為何聖人能偽而小人不能偽，荀子在能與不能之間設定人有情然而心偽之擇的主宰性，即自由意志。

荀子思想陷在善惡糾纏太久，我們把〈性惡篇〉做一正本清源的疏通，期待荀子的理路可以透過一番刮垢磨光，展現本來脈絡。揮別善惡，例如在干學平與黃春興在〈荀子的正義理論〉一文中，兩位經濟學者借用羅爾斯（Rawls，1971）可以看出荀的正義理論，以及他對今日學術研究的啟發。〔註120〕

〔註120〕《正義及其相關問題》（戴華、鄭曉時主編，南港：中央研究院中山人文社會科學研究所，1991 年）。

第四節　由〈勸學〉諸篇看荀子學不可以已的奮進工夫

由〈正名篇〉與〈解蔽篇〉所示，可得一縱、橫交錯的內聖結構，此一結構不是靜態而是動態，〈性惡篇〉旨在教化性情、啓動人爲。借著此一動態的、內聖的架構來看〈勸學篇〉，則〈勸學篇〉居此架構的關鍵地位完全彰顯。化性起僞猶是觀念的討論，勸學則落實在教育層面實際來談，從文化的講則是禮樂教化，其間的工夫需點滴累積，凡聖之間有順序、有次第可拾級而上，所以〈勸學〉首句曰：「學不可以已。」〔註121〕荀子論學的觀點可由〈勸學〉諸篇得出，此中重點有二：第一，本篇居荀子認知主體內聖結構的完成位置。第二，本篇將孔孟論學概念化、系統化與架構化，於秦漢之際論學實有承先啓後之功，影響後代深遠。

除了從內聖架構來看荀子勸學之重要性，本段再比較孔子、孟子與韓非來談荀學的特色。首先，荀子勸學近於孔子。荀子知道人有潛能，但他更重視實現，所以對潛能部分輕輕講，重點放在潛能如何付諸實現，也因此特別重視學習。荀子論「學」並非憑空而出，除了內在理路之外，也與《論語》論「學」遙相呼應，我們不確定孔子對於人性的主張爲何，但由《論語》所見，孔子認爲學習不可廢，性原來相近，因學習而漸行漸遠。第二，荀子勸學與孟、韓遠。孟子看見人性的純良高貴，韓非看見人性的自私自利，但兩人的思想中都未大量論學。韓非原典提到虛靜修養爲人君所不可或缺，但虛靜工夫不是簡易可得，韓非不談勸學，不談化性起僞，也不談教育，那麼人君該如何才能具備虛靜工夫，或說在韓非的系統之中，人君該如何養成才得虛靜，這些都不是韓非的關懷。由此竊思，韓非學說雖然主張中主而治，其實潛在仍含藏一個不世出的聖王理想，浪漫色彩尚存；相形之下，荀子較爲務實，談虛靜、也談化性起僞，轉成實際的活動便是勸學，如果我們重視勸學放在第一篇，便可據此定位荀子是位教育家，他意在勸勉點滴積學，調教出更多聖人君子，由此，可看出他與孟、韓之間的區別。

荀子原典的目錄流傳後世有劉向與楊倞兩個版本，〔註122〕雖然前後順

〔註121〕《才性與玄理》（臺北市：臺灣學生書局，1985 年），頁 249～251。牟宗三對於〈勸學〉一篇有精采的發揮，可做爲「學不可以已」的注腳，值得參考。

〔註122〕劉向目錄見〈荀卿新書三十二篇〉，《荀子集解・考證》（臺北市：世界書局，2000 年），頁 504。
　　　　楊倞目錄見《荀子集解・考證》（臺北市：世界書局，2000 年），頁 1。

序略有差異，但不以〈性惡〉、〈禮論〉或〈天論〉，皆以〈勸學篇〉居首，篇首如此安排，與荀子長年居於齊國稷下的學界經驗頗能符應。若欲瞭解荀子如何論學，〈勸學篇〉雖為首選，但此篇行文與其他重要代表篇章例如〈正名〉、〈解蔽〉、〈性惡〉、〈樂論〉以及〈儒效〉等血脈相連，行文之中將一併論及。

壹、由論學傳承談〈勸學篇〉

性善是個超越時空的形上根據，但性善說落在時空座標之中，也就是在具體的歷史文明之中，每個人覺知自己是性善的時機可前可後，可長可短，在如此參差不齊的情形之下，由先知覺後知，或先知啟發不知，是可以理解的狀況，這也可以是〈勸學篇〉的前行說明，以下我們開始討論〈勸學篇〉。「勸」字是進入荀子原典的第一個字，人不能教，也不能逼，只能幫助他發現自己、面對自己。著一勸字，可見荀子對於後進之尊重與勉勵，尊重後進有自由意志，勉勵後進不已積學。「學」是天生本能與人為文明的緊要分野，「為之，人也；舍之，禽獸也。」「干、越、夷、貉之子，生而同聲，長而異俗，教使之然也。」

談荀子〈勸學篇〉上可溯孔孟，下可及《大學》、《學記》，勞思光在漢代思想討論《大學》與《學記》之前，即就「學」觀念本身的發展作一陳述，上溯孔孟荀論學脈絡，內容豐富，可茲參考。〔註123〕

一、淵源於《論語》論學

由修養工夫來講勸學與解蔽，二者息息相關，《論語》〈陽貨篇〉談六蔽即是扣住好學的偏頗失衡來討論。勸學在解蔽，先掃除了偏見、誤解與錯覺，有了虛壹而靜的大清明之心再談積學，而積學的過程中也要小心防範各種流蔽產生，兩者相輔相成。

《論語》以〈學而〉為首，除了〈學而〉一篇之外，《論語》論學面向豐富，翻開《論語》我們可以看見一位時時學習、及時向學、好學、志學、勤學、博學、樂學、問學、積學的長者，其中尤其值得注意的是，孔子在自我介紹時數度以「學」為特色：

〔註123〕勞思光：《新編中國哲學史》（臺北市：三民書局，1984年），頁33～45。

子曰：「吾十有五而志於學；三十而立；四十而不惑；五十而知天命；

六十而耳順；七十而從心所欲，不踰矩。」〔註124〕

孔子在晚年回顧自己的生命歷程，少年時期的志學是爲第一階段。

子曰：「十室之邑，必有忠信如丘者焉，不如丘之好學也。」〔註125〕

在鄉黨鄰里之間，孔子自謙或許德行未及，但自許以好學出眾。

子曰：「默而識之，學而不厭，誨人不倦，何有於我哉？」〔註126〕

孔子爲人的特質何在？孔子自我反省以爲在於力學。

子曰：「我非生而知之者，好古，敏以求之者。」〔註127〕

孔子自認爲並非天縱聰明，而是透過後天勤敏向傳統學習所致。

子曰：「莫我知也夫！」子貢曰：「何爲其莫知子也？」子曰：「不怨

天，不尤人，下學而上達，知我者，其天乎？」〔註128〕

在面對子貢感嘆莫我知也夫，又想自我表述之時，夫子亟欲聲明自己是下學而上達者，凡舉數語可知夫子對於「爲學」三致意焉。荀子尊孔，對於孔子之學在原典首篇即開始發揮。

二、孟子論學

雖然孟子學說主張性善、重存養擴充，但孟子也重視學，例如他在論及孔門師生對話，引用的是「學不厭，教不倦」：

曰：「惡！是何言也！昔者子貢問於孔子曰：『夫子聖矣乎？』孔子

曰：『聖，則吾不能；我學不厭，而教不倦也。』子貢曰：『學不厭，

智也；教不倦，仁也。仁且智，夫子既聖矣！』」〔註129〕

在滕文公請教孟子如何爲國，他建議興學，而且對教育的期待是非常深遠的「爲王者師」：

滕文公問爲國。……設爲庠序學校以教之。庠者，養也；校者，教

也；序者，射也。夏曰校，殷曰序，周曰庠，學則三代共之；皆所

〔註124〕〈爲政篇〉，《論語》（臺北市：藝文印書館，1985年），頁16。

〔註125〕〈公冶長篇〉，《論語》（臺北市：藝文印書館，1985年），頁46。

〔註126〕〈述而篇〉《論語》（臺北市：藝文印書館，1985年），頁60。

〔註127〕〈述而篇〉，《論語》（臺北市：藝文印書館，1985年），頁63。

〔註128〕〈憲問篇〉，《論語》（臺北市：藝文印書館，1985年），頁129。

〔註129〕〈公孫丑上〉，《孟子》（臺北市：藝文印書館，1985年），頁55。

> 以明人倫也。人倫明於上，小民親於下；有王者起，必來取法，是
> 為王者師也。〔註130〕

大家耳熟能詳孟母三遷以及一傅眾咻的典故都是強調學習環境的重要。〔註131〕孟子講求學也需要訂目標、守規矩。

> 羿之教人射，必志於彀；學者亦必志於彀。大匠誨人，必以規矩；
> 學者亦必以規矩。〔註132〕

凡此種種與荀子論學並無二致，然而在後世廣為流傳的是：

> 學問之道無他，求其放心而已矣。〔註133〕

> 人之所不學而能者，其良能也；所不慮而知者，其良知也。〔註134〕

凡此「求放心」與「良知」、「良能」之說，訴諸先天與後天理論，遂將孟子與荀子論學看法對立起來。

三、荀子〈勸學〉重在循循善誘學習主體

荀子顯然在孔子《論語》獲得啟發較多，並進一步發揚光大，其敘述方式是將《論語》論學部分以概念提綱挈領、自成系統，並納入自己的思想架構之中。孔孟亦有概念、系統與架構，唯荀子在戰國時出入各家，思維方式頗富名學色彩，此處乃就論述形式而言，孔孟之時，雖無此種論述形式，但不礙其之內容之深厚廣大。

（一）注重概念

他先捻出「學」字置於首篇，差別在於加一「勸」字。荀子強調遣辭用字，雖然只有一字之差，但可見其中精義，是「勸學」而非「教學」或「逼學」，他著重在循循善誘，自覺並鼓勵他人也覺醒。荀子個人已是一解蔽啟蒙的認知主體，他所思考的是如何啟發另一認知主體。《論語》勸學只有兩則記載，並非孔子不勸學，而是他以樂在學中的身教來說服或說感染弟子勤勉向學：

> 子路使子羔為費宰。子曰：「賊夫人之子！」子路曰：「有民人焉，有
> 社稷焉，何必讀書，然後為學？」子曰：「是故惡夫佞者。」〔註135〕

〔註130〕〈滕文公上〉，《孟子》（臺北市：藝文印書館，1985年），頁91。
〔註131〕〈滕文公下〉，《孟子》（臺北市：藝文印書館，1985年），頁112。
〔註132〕〈告子上〉，《孟子》（臺北市：藝文印書館，1985年），頁205。
〔註133〕〈告子上〉，《孟子》（臺北市：藝文印書館，1985年），頁205。
〔註134〕〈盡心上〉，《孟子》（臺北市：藝文印書館，1985年），頁232。
〔註135〕〈先進篇〉，《論語》（臺北市：藝文印書館，1985年），頁100。

此處可見孔子認為即使具有民人、社稷仍然需要繼續讀書學習，否則便成「賊夫人之子」。

> 孔子曰：「生而知之者，上也；學而知之者，次也；困而學之，又其
>
> 次也；困而不學，民斯為下矣」〔註136〕

孔子把一般人的學習情況分成三等，他不排除有生而知之天縱聰穎，除此之外都需要學習，若遇困而不學，將流於等而下之。

（二）形成系統

《論語》是語錄體，深厚有之但論述形式不完備，這是時代書寫習慣使然，概念名篇是荀子之世書寫形式的特色，每一篇概念主旨之下皆包含一個荀子所欲詳細申論的議題，是故欲瞭解荀子論學的主要概念，順此方向通讀〈勸學〉全篇便可見論述章法緊嚴綿密，自有條理。荀子〈勸學〉不單是重複《論語》論學，更是以《論語》為基礎做進一步的轉化與形成系統。全文依其脈絡主要分為四大論點：一、勸勉為學，二、為學方法，三、為學內容，四、為學最高境界。其中又以為學方法所占篇幅最多，可分為七項：君子善假於物、君子居必擇鄰、君子重內在之德、君子重積與一、學莫便乎近其人、隆禮次之以及問學之道，可見荀子著重實際的為學工夫方法。

〈勸學篇〉為學界公認是荀子的代表著作，理路清暢，只需稍微重新調整即可通讀。第一段為全篇總綱。第八、九、十、十一段接第二、三、四、五、六段，談為學的方法。第八段主要談為學需內化，段末「故不問而告謂之傲，問一而告二謂之囋。傲、非也，囋、非也；君子如嚮矣。」移至第十一段談問學之道。

1. 勸勉向學

自由意志是荀子的潛在前提，以荀子論學而言，便是重視學習主體的個人意願，為了帶動學習主體的向學意願，荀子論學先誘導主體的學習動機，一個尊重鼓勵學習主體的「勸」字可以讓荀子與嚴刑峻法的法家有所區隔。

> 君子曰：「學不可以已。」青，取之於藍，而青於藍；冰，水為之，
>
> 而寒於水。木直中繩，輮以為輪，其曲中規，雖有槁暴，不復挺者，
>
> 輮使之然也。故木受繩則直，金就礪則利，君子博學而日參省乎己，
>
> 則知明而行無過矣。故不登高山，不知天之高也；不臨深谿，不知

〔註136〕 〈季氏篇〉，《論語》（臺北市：藝文印書館，1985年），頁149。

地之厚也；不聞先王之遺言，不知學問之大也。詩曰：「嗟爾君子，無恆安息。靖共爾位，好是正直。神之聽之，介爾景福。」神莫大於化道，福莫長於無禍。〔註137〕

〈勸學篇〉以主題名篇，是荀子典型的代表作，「學不可以已」直接點出全篇題旨，甚至可以涵蓋荀子的思想，與《論語》「學而時習之」遙相呼應，由天生本能經過一番調教進入禮樂文明，荀子以爲其間需要不停歇的學習、調整與鍛鍊。如何學？君子也重內在之德，也善假借於物，最高學習典範與內容是先王遺言。漫長的學習過程正可展現「神莫大於化道」，亦即化性起僞之道，學習的本質無他，喚醒主體、教化而已矣。掌握學習本質再來談「神之聽之，介爾景福」以茲勸勉鼓勵，便不流於功利。此段可見荀子預設學習者的本性是美好的，荀子不厭其煩舉出「青，取之於藍而青於藍」、「冰，水爲之而寒於水」、「木，受繩則直」、「金，就礪則利」諸項明白曉暢的修辭，鼓勵眾人精益求精、日新又新。如果本性非美好，無此潛能，煮沙亦無法成飯，荀子下筆審慎，嚴於遣詞用字，一篇之中此種修辭多至數十起，佐證荀子的人性預設表面上是性惡、但隱藏人性美好的前提，唯有如此才能解讀，才能理解荀子爲何再三循循善誘。吾人可以嘗試進行逆向思考，正因爲〈勸學篇〉、〈修身〉、〈禮論〉、〈樂論〉諸篇皆是荀子的重要論點，由此諸篇反推得出荀子的人性有潛在美好的成分。第一段冒起全文總綱。

2. 爲學方法

《論語》論學豐富，但並未多談爲學方法，孟子的工夫是存養擴充發揮人類超越的美善四端，重視學習環境，有期待、有目標與規矩，沒有提到個別方法。荀子論學特點在於勸學以喚起主體的覺醒與勸請學習意願爲主，故以極大的篇幅來談各式誘導學習的方法。荀子假設人性原來健全完整，但目前由現象所見是質地粗惡有待錘鍊，所以在談爲學方法時先提假借：借助外物、借助環境、借助學習典範。然而在借助外在條件之餘，也不忘回歸內在陶養，所以要慎所立，要入乎耳、著乎心再形於外。內、外條件齊備，荀子再談累積與專一。主體部分準備妥當，便可延伸至學習典範以及主體與主體之間的對應問答。整套學習方法循序漸進、層層擴展，周延而完備。凡聖之間，有次第有順序可拾級而上。

〔註137〕《荀子集解·考證》（臺北市：世界書局，2000年），頁 1～3。

（1）君子善假外物

　　荀子相信學習主體未來將是個君子聖人，所以處處以君子爲說。〈勸學篇〉指出君子與眾人原本沒有差別，只不過君子能就地取材、善加利用外在資源。「跂踵而望」、「登高而招」、「順風而呼」、「假輿馬」、「假舟楫」都是淺顯易懂的比喻：

> 吾嘗終日而思矣，不如須臾之所學也。吾嘗跂踵而望矣，不如登高之博見也。登高而招，臂非加長也，而見者遠；順風而呼，聲非加疾也，而聞者彰。假輿馬者，非利足也，而致千里；假舟楫者，非能水也，而絕江河。君子生非異也，善假於物也。〔註138〕

論荀子之學，若不從天生自然的性情經過一番調教而得人爲文明的角度，僅只是從個人來談，此段文字會被誤解爲不發揮原有潛能，只重視外在資源。

（2）君子居必擇鄉

　　〈勸學篇〉由君子善假於外物再擴大到所在環境對學習的重要性，此點孔孟皆曾提及，如孔子提過「里仁爲美」、孟母三遷皆爲前人重視外在環境的例證。

> 南方有鳥焉，名曰蒙鳩，以羽爲巢，而編之以髮，繫之葦苕，風至苕折，卵破子死。巢非不完也，所繫者然也。西方有木焉，名曰射干，莖長四寸，生於高山之上，而臨百仞之淵，木莖非能長也，所立者然也。蓬生麻中，不扶而直；白沙在涅，與之俱黑。蘭槐之根是爲芷，其漸之滫，君子不近，庶人不服。其質非不美也，所漸者然也。故君子居必擇鄉，遊必就士，所以防邪辟而近中正也。〔註139〕

「南方有鳥」「西方有木」「蓬生麻中」「白沙在涅」「蘭槐之根」又是接連五個清晰分明的舉證。以荀子自身而言，西元前 255 年春申君滅魯任荀卿爲蘭陵令，荀子晚年終老於此。蘭陵位於何處？春秋時代爲魯國故地，荀子晚年回歸聖人故里，可爲居必擇鄉的現身說法。

（3）君子重內在之德

　　博學也需三省乎己，荀子注重內外兼修並未偏廢。荀子鼓勵君子善假借於物之後，接著談內在修爲，荀子同樣連舉數喻以說「物類之起，必有所始。榮辱之來，必象其德」，此段文字近誠於中形於外，是故提醒君子之立需小心戒慎。

〔註138〕《荀子集解‧考證》（臺北市：世界書局，2000 年），頁 3。
〔註139〕《荀子集解‧考證》（臺北市：世界書局，2000 年），頁 4～5。

> 君子之學也，入乎耳，箸乎心，布乎四體，形乎動靜。端而言，蝡
> 而動，一可以為法則。小人之學也，入乎耳，出乎口，口耳之間，
> 則四寸耳，曷足以美七尺之軀哉！古之學者為己，今之學者為人。
> 君子之學也，以美其身；小人之學也，以為禽犢。〔註140〕

常言耳濡目染、潛移默化，本段可見學習主體如何透過耳目感官，將學習歷程滲入主體的心知意識，此處言「箸乎心」若能援引〈解蔽篇〉之「大清明心」互相參照，則更能彰顯〈勸學篇〉之「勸」在知性主體心知意識的甦醒深度。所謂「美其身」，指君子之學不僅入乎其內，尚且要形之於外在舉手投足、行住坐臥之間，由此亦可再次印證荀子的認知理性是為道德理性做準備。

（4）君子重積與一

荀子在學習主體之內在與外在條件兼備之後，談重積與結於一。同樣連續排比「積土成山」、「積水成淵」、「積善成德」、「積蹞步」、「積小流」、「駑馬十駕」、「鍥而不舍」、「螾之上食埃土，下飲黃泉」八個例證。

> 積土成山，風雨興焉；積水成淵，蛟龍生焉；積善成德，而神明自
> 得，聖心備焉。故不積蹞步，無以至千里；不積小流，無以成江海。
> 騏驥一躍，不能十步；駑馬十駕，功在不舍。鍥而舍之，朽木不折；
> 鍥而不舍，金石可鏤。螾無爪牙之利，筋骨之強，上食埃土，下飲
> 黃泉，用心一也。蟹六跪而二螯，非蛇蟺之穴，無可寄託者，用心
> 躁也。是故無冥冥之志者，無昭昭之明；無惛惛之事者，無赫赫之
> 功。……詩曰：「尸鳩在桑，其子七兮。淑人君子，其儀一兮。其
> 儀一兮，心如結兮。」故君子結於一也。〔註141〕

時至今日「是故無冥冥之志者，無昭昭之明；無惛惛之事者，無赫赫之功」仍然常為師生誦習。荀子原典有兩個一字，此「一」呼應〈解蔽篇〉所談之「虛壹而靜」之「壹」。黃師湘陽以為此一除了專一、唯一之外，尚有統貫縱攝之義，唯有統貫綜攝，才能真正由「一」而至「壹」〔註142〕。談「積」可引〈性惡〉所言以為輔證，積字就荀子而言甚為緊要，在〈性惡篇〉對聖人的定義可濃縮至一個「積」字。《論語》有一則談「積」：

〔註140〕《荀子集解・考證》（臺北市：世界書局，2000 年），頁 10。
〔註141〕《荀子集解・考證》（臺北市：世界書局，2000 年），頁 6～8。
〔註142〕黃師湘陽：《孔孟荀心性天人理論析探》（臺北市：文史哲出版社，1980 年），頁 61。

子曰：「譬如爲山，未成一簣，止，吾止也！譬如平地，雖覆一簣，
進，吾往也！」〔註143〕

進學的確如爲山，無積不爲功，荀子做了細膩的發揮，他指出若能積則聞：

昔者瓠巴鼓瑟，而流魚出聽；伯牙鼓琴，而六馬仰秣。故聲無小而
不聞，行無隱而不形。玉在山而草木潤，淵生珠而崖不枯。爲善不
積邪，安有不聞者乎！〔註144〕

勸學之勸字，積學之積可在此段找到印證，由「小」起始，因爲聲無小而不
聞，可以由「隱」發端，因爲行無隱而不形。舉凡「流魚出聽」、「六馬仰秣」、
「草木潤」、「崖不枯」種種出神入化的例證，皆回歸由小與隱的第一步，慢
慢積累跬步，聞是隨之而來的效益。〔註145〕

（5）學莫便乎近其人

奠定學習的根基之後，接下來便可討論在眾多學習方法中，最快速有效
的積學方法爲何？

學莫便乎近其人。禮樂法而不說，詩書故而不切，春秋約而不速。
方其人之習君子之說，則尊以徧矣，周於世矣。故曰：學莫便乎近
其人。〔註146〕

在〈勸學篇〉並未明言爲師在求學上的重要性，只隱約談「其人」，事實上便
是教育理論所說的學習典範，亦即荀子所襃揚的先王聖人。「其人」的重要性
比《禮》《樂》、《詩》、《書》與《春秋》有過之而無不及之處在於「說」、「切」
與「速」，因爲「其人」是學習最高境界的具體展現，可以提供主體在耳目感
官上的興發鼓舞，進而喚起深層心知意識企慕嚮往的學習意願與動機，當然
這樣的其人在當代是荀子夫子自道了。

（6）隆禮次之

除了學習「其人」的具體典範之外，學禮亦爲佳徑：

學之經莫速乎好其人，隆禮次之。上不能好其人，下不能隆禮，安
特將學雜識志，順詩書而已耳。則末世窮年，不免爲陋儒而已。將
原先王，本仁義，則禮正其經緯蹊徑也。若挈裘領，詘五指而頓之，

〔註143〕〈子罕篇〉，《論語》（臺北市：藝文印書館，1985年），頁80。
〔註144〕《荀子集解‧考證》（臺北市：世界書局，2000年），頁8～9。
〔註145〕由琴瑟之鼓可以側面見出荀子所嚮往禮樂教化的境界，樂主合，音樂不只可
以帶動人際共鳴，甚至可以通人禽。
〔註146〕《荀子集解‧考證》（臺北市：世界書局，2000年），頁11。

> 順者不可勝數也。不道禮憲，以詩書爲之，譬之猶以指測河也，以
> 戈春黍也，以錐餐食壺也，不可以得之矣。故隆禮，雖未明，法士
> 也；不隆禮，雖察辯，散儒也。〔註147〕

鼓勵學習主體爲學必親近其人可見荀子強調學習典範，其次爲隆禮。此處之禮自然不是禮儀之理，而是與天生性情相對的人爲禮樂文明，具有共理的特色，唯有如此才能說明何以禮能「若挈裘領，詘五指而頓之，順者不可勝數」以及借禮可以判別陋儒、散儒與法士。

（7）問學之道

奠定學習的基礎，認識快速有效的學習方法，並不保證學習成功，在學習過程中若有疑義與挫折必須向另一學習典範發問，荀子指出弟子之問與爲師之答皆有注意事項：

> 問楛者，勿告也；告楛者，勿問也；說楛者，勿聽也。有爭氣者，
> 勿與辯也。故必由其道至，然後接之，非其道則避之。故禮恭，而
> 後可與言道之方；辭順，而後可與言道之理；色從而後可與言道之
> 致。故未可與言而言，謂之傲；可與言而不言，謂之隱；不觀氣色
> 而言，謂之瞽。故君子不傲、不隱、不瞽，謹順其身。詩曰：「匪交
> 匪舒，天子所予。」此之謂也。〔註148〕

「故不問而告謂之傲，問一而告二謂之囋。傲、非也，囋、非也；君子如嚮矣。」似乎是第八段衍文，重新移入此處談問學之道。學習主體內外條件具備，與學習典範互動之時的規範，荀子整理得問答之道。以問學者而言需禮恭、辭順及色從；以教學者而言需不傲、不隱與不瞽，匪交匪舒從容不迫才能達到釋疑解惑的眞實成效。時至今日，凡此種種教與學之間的互動看來仍然平實而穩妥。

3. 爲學內容

爲學的起點與終點爲何？學是人禽之分野，需學《禮》、《樂》、《詩》、《書》、《春秋》，需學爲聖人：

> 學惡乎始？惡乎終？曰：其數則始乎誦經，終乎讀禮；其義則始乎
> 爲士，終乎爲聖人，眞積力久則入。學至乎沒而後止也。故學數有
> 終，若其義則不可須臾舍也。爲之人也，舍之禽獸也。故書者，政

〔註147〕《荀子集解·考證》（臺北市：世界書局，2000年），頁11～14。
〔註148〕《荀子集解·考證》（臺北市：世界書局，2000年），頁14。

事之紀也；詩者，中聲之所止也；禮者，法之大分，類之綱紀也，
故學至乎禮而止矣，夫是之謂道德之極。禮之敬文也，樂之中和也，
詩書之博也，春秋之微也，在天地之間者畢矣。〔註149〕

荀子不只從教育，更從人類文明的宏觀角度來看學習，「學」是原始與文明的
分水嶺，「學」可見人禽之辨，此點是不見於《論語》與《禮記》〈學記〉的
遼闊視野。整理《論語》提及爲學內容可分爲文明遺產與道德修身兩大部份，
荀子再歸納爲：「其數則始乎誦經，終乎讀禮；其義則始乎爲士，終乎爲聖人」。
荀子在戰國是傳經之儒，學習內容在《論語》所提的《易》、《詩》、《禮》、《樂》
改爲《禮》、《樂》、《詩》、《書》、《春秋》。荀子尊周孔，然而在尊周孔的同時，
他也秉持理性思想對於學習內容自有斟酌取捨。學習內容自以經典爲主。「人
之異於禽獸幾分？」孟子由性善談，荀子由學習談。

子夏問曰：「『巧笑倩兮，美目盼兮，素以爲絢兮』，何謂也？」子曰：
「繪事後素。」曰：「禮後乎？」子曰：「起予者商也，始可與言詩
已矣。」〔註150〕

此處之「禮」是指文飾，要放在《詩》後面，孔、荀安排《詩》與《禮》的
先後次序顯然不同。

陳亢問於伯魚曰：「子亦有異聞乎？」對曰：「未也。嘗獨立，鯉趨
而過庭。曰：『學詩乎？』對曰：『未也。』『不學詩，無以言！』鯉
退而學詩。他日又獨立，鯉趨而過庭。曰：『學禮乎？』對曰：『未
也。』『不學禮，無以立！』鯉退而學禮。聞斯二者。」陳亢退而喜
曰：「問一得三：聞詩，聞禮又聞君子之遠其子也。」〔註151〕

《論語》中先《詩》後《禮》。荀子尊孔，但在〈勸學篇〉中更換順序，以五
經而論，他與孔子便有差別，可見他對於孔子思想有一番消化與轉化。

　　荀子準確描述這些先王遺言各有特色，然由荀子讚歎爲「在天地之間者
畢矣」來看，不能以現代人的眼光單純解成經學典籍，應視爲人間世界存留
的文明結晶，所以需誦讀積學以傳承紹續，以俟來世，否則把荀子爲學窄化
解釋爲讀誦經典將差之毫釐、失之千里。

〔註149〕　《荀子集解・考證》（臺北市：世界書局，2000年），頁9。
〔註150〕　〈八佾篇〉，《論語》（臺北市：藝文印書館，1985年），頁150。
〔註151〕　〈季氏篇〉，《論語》（臺北市：藝文印書館，1985年），頁26～27。

4. 學之全粹境界

那麼，學習的最高境界為何？

> 百發失一，不足謂善射；千里蹞步不至，不足謂善御；倫類不通，
> 仁義不一，不足謂善學。學也者，固學一之也。一出焉，一入焉，
> 涂巷之人也；其善者少，不善者多，桀紂盜跖也；全之盡之，然後
> 學者也。〔註152〕

學習的最高境界是「一」：以善射者而言，需百發百中；以善御者而言，需抵
達終點；以善學者而言，需通倫類，一仁義。若能由「一」而「全之盡之」
便是最高境界。〈勸學〉之「一」可以參考〈解蔽〉虛「壹」而靜之「壹」。

> 君子知夫不全不粹之不足以為美也，故誦數以貫之，思索以通之，
> 為其人以處之，除其害者以持養之。使目非是無欲見也，使口非是
> 無欲言也，使心非是無欲慮也。及至其致好之也，目好之五色，耳
> 好之五聲，口好之五味，心利之有天下。是故權利不能傾也，群眾
> 不能移也，天下不能蕩也。生乎由是，死乎由是，夫是之謂德操。
> 德操然後能定，能定然後能應。能定能應，夫是之謂成人。天見其
> 明，地見其光，君子貴其全也。〔註153〕

前文談及為學首重鼓勵學習主體，歷數善假於物、居必擇鄉、重內在之德、
積學與專一、學習典範、隆禮與問學之道等八種為學方法，提出《禮》、《樂》、
《詩》、《書》、《春秋》等學習內容，「全之粹之」是一趟精純光明的學習歷程，
結合前文所言，意義更為顯豁。此處的誦數要當作文明傳承才能理解。《論語》
談學並沒有直接與聖人境界合併，但荀子踵事增華做了一個創造性的解釋。
「天見其明，地見其光，君子貴其全也。」此段應解釋為學習主體經過一番
鍛造錘鍊之後所展現的內在超越境界，此一內在超越境界可與天地明光互相
輝映，同時間接點出認知主體由認知理性而達道德理性的自我通體朗現。

（三）建立架構

先前提及本文論荀子的內聖思想有四點可談：第一點是性→情→欲→心
→慮→知→能→偽內聖思想橫向的開展，第二點是目→耳→鼻→口→形→心
的內聖思想縱向的深度，第三點是性與偽之間，化性情起人為的工夫，第四
點，化性起人為落實在教化層面言是積學不已。荀子的外王思想，即人間互

〔註152〕《荀子集解·考證》（臺北市：世界書局，2000年），頁14～15。
〔註153〕《荀子集解·考證》（臺北市：世界書局，2000年），頁15～16。

相成全的文明秩序有四點可談：本文第一點論儒者的自覺，第二點論禮，第三點論樂，第四點論天。這是荀子思想的間架，荀子之學居於化性起偽，內聖與外王之間的環鍵。

　　爲了彰顯此一間架，以下便從心理學的角度做一對照。「化性起偽」是概念的談，「學不可以已」看似教育的談，〈勸學〉一篇若從心理、教育解讀，可以看出在現代學科中是可以討論的。陳大齊《荀子學說》便有專章以心理學爲名：

　　　　在荀子以前及荀子的當時，對於心理學特別重視，關於心理現象說
　　　　得特別詳細的，不能不首推荀子。荀子之研究心理，非必爲了研究
　　　　心理而研究心理，其主要目的是爲了闡發性惡，是爲了衡定是非，
　　　　亦即爲了道德學、理則學等價值科學而始研究心理。〔註154〕

荀子學說注重行爲結果有跡可尋，例如對於性惡的定義，便是由行爲結果回溯行爲動機，對於儒者的批評也關注外在的言行舉止，論者以爲荀子的學說與當代心理學當中的行爲心理學派頗可輝映，此處便從行爲心理學派開始探索。以行爲心理學派之宗師華森（1913）而言，他對於自己在心理學的領域找到行爲爲研究目標相當滿意：

　　　　在行爲主義者看來，心理學是自然科學中一個純屬客觀實驗研究的
　　　　分支。在理論上，心理學的研究旨在了解、預測和控制行爲。內省
　　　　不是心理學研究的必要方法；而且心理學的資料的科學價值，也不
　　　　需要靠抽象的意識概念來解釋。行爲主義心理學者之所以根據動物
　　　　反應的研究去推論解釋人的行爲，乃是認爲在行爲的基本成分上，
　　　　人與動物是沒有區別的。〔註155〕

這段是行爲心理學頗具指標性的引文，因爲以自然科學掛帥，故而強調客觀實驗研究，重行爲而不重內省或抽象概念。荀子固然注重具體可見的外在行爲，但是荀子在意具體可見的行爲是與內在鍛鍊相關聯，此部分以心理學而言即偏內省傾向，以實證精神爲主的行爲心理學對此便無法接受。另外，行爲心理學派以爲在行爲的基本成分上，人與動物沒有差別，荀子宏觀的文明視野正在思考人與動物的區別何在，此點也無法在科學的行爲心理學找到相映範疇。

〔註154〕陳大齊：〈第三章心理論〉，《荀子學說》（臺北市：中國文化大學出版部，1989
　　　　年），頁33。
〔註155〕張春興：《心理學原理》（臺北市：東華書局，2002年），頁19。

　　B.R.Hergenhahnn 所著《學習心理學》一書中第六篇第十六章第一節歷數桑代克、葛斯律、赫爾、史京納、格式塔理論、皮亞傑、托爾曼、波伯、巴夫洛夫、班都拉、諾爾曼、赫伯等人的心理學理論，有個共識：教育與學習在行為心理學派的解釋是行為的改變。荀子強調學至於行而後已，行為改變自然很重要，但荀子所強調的行為改變是注重心性與文明的層面，取徑同中有異。〔註156〕

　　人本心理學派馬斯洛（Maslow，1954）的需求層次論（hierarchy of needs）談到動機與自我完成稍可說明荀子在〈勸學篇〉當中的內容：

　　　　馬斯洛的理論包括自我實現（self-actualization）慾望的概念，他將「自我實現」定義為「個人想要成為自己可能變成的人物的欲求」（Maslow，1954，p.92）自我實現的特點是接受自我和接受他人、自發性、開放性、與他人有相當深度但民主的關係、創造性、幽默感和獨立，自我實現在本質上就是心理健康。馬斯洛把自我實現的努力追求置於需求層次的頂端，……。〔註157〕

若談自我實現由前文敘述可見荀子當中實現的終點是學為聖人，兩者義理差可類比，然而此一博大精深的心靈境界又不是馬斯洛所能道盡，不過借心理學卻可以彰顯荀子學說在現代學說之中有其可討論性。

　　是故，我們必須回到荀子念茲在茲的基源問題──如何由本能的性情轉變到人為的文明理想世界，「為之，人也；舍之，禽獸也」，爬昇到荀子關懷人類本能與文明此一思想架構的最高點，由上往下鳥瞰才能透徹理解文本底蘊，學與不學居此一思想架構的關鍵地位。

貳、《禮記》〈學記〉傾向制度化

　　《論語》有〈學而〉，《荀子》有〈勸學〉，此節我們加入《禮記》〈學記〉共同討論〔註158〕，以見其間的論學脈絡。〈勸學篇〉章法謹嚴的寫作形式不見

〔註156〕B.R.Hergenhahn：《學習心理學》（臺北市：五南出版社，1989年），頁518～530。

〔註157〕Robert E. Slavin：《教育心理學》（臺北市：學富文化事業有限公司，2002年），頁462、461。附圖馬斯洛的需求層次論可參考。鄭肇楨：《心理學概要》（臺北市：五南出版社，1989年），頁19。

〔註158〕張銀樹：〈《禮記·學記》教育思想之析論〉，《輔仁國文學報》第16期（2000年，頁1～43。本文由現代教育立場看〈學記〉，值得參考。

於〈學記〉，〈學記〉也沒有荀子由人類文明以宏觀的思想高度，但是，〈學記〉
在《論語》論學之後追加許多教與學的經驗，沿續荀子〈勸學〉的立場，進
一步討論教育走向制度化問題。

一、勸學

〈學記〉第一段也說明爲何要學？

> 發慮憲，求善良，足以爲謏聞，不足以動眾。就賢體遠，足以動眾，
> 未足以化民。君子如欲化民成俗，其必由學乎！〔註159〕

君子不以謏聞、動眾爲足，必也化民成俗，若欲化民成俗則需學習。此處的
君子是一位有德行的在位者，爲學對他而言是有化民成俗之益。「化民成俗」
所引之「化」應是「化性起僞」之「教化」，所「教化」者爲調理人民之性情，
以成善良的人文風俗。荀子在〈樂論〉與〈儒效〉亦提及民與俗。

> 樂者，聖王之所樂也，而可以善民心，其感人深，其移風易俗。
> 〔註160〕

透過個別認知主體的潛移默化、耳濡目染，形成眾多主體即群體間心知意識
的沉澱與轉化，透過這層特殊的濡染擴散效應達成教育上或說文化上的化民
成俗。

> 儒在本朝則美政，在下位則美俗。儒之爲人下如是矣。〔註161〕

荀子認爲孔子透過脩正以待之、孝弟以化之，一樣可以達到秦昭王所希望在
朝美政、在野化俗的管理實效。爲學的目的不只是追求個人的成聖境界，〈學
記〉進一步關懷個人修爲在人群間潛移默化的擴散效應。

> 玉不琢，不成器；人不學，不知道。是故古之王者建國君民，教學
> 爲先。〈兌命〉曰：「念終始典于學。」其此之謂乎！〔註162〕

「玉不琢、不成器」與荀子〈勸學〉所言「金就礪則利」之種種修辭譬喻相
類，性善前提隱於字裡行間，人的本質原來純善，但由現象所見卻顯粗惡，
有待切磋琢磨才能讓潛質光采煥發。〈學記〉首段呼應荀子遺緒談爲學的重要
性。

〔註159〕〈學記〉，《禮記》（臺北市：藝文印書館，1985年），頁648。
〔註160〕《荀子集解・考證》（臺北市：世界書局，2000年），頁351。
〔註161〕《荀子集解・考證》（臺北市：世界書局，2000年），頁104。
〔註162〕〈學記〉，《禮記》（臺北市：藝文印書館，1985年），頁648。

二、教與學

　　《論語》論學諸多重點中以師生間的「教與學」所佔篇幅最多，〔註163〕然而〈學記〉仍能在《論語》之後提出深刻的經驗之談如「教學相長」，至今仍為教育工作者奉為圭臬。

> 是故學然後知不足，教然後知困。知不足，然後能自反也；知困，然後能自強也。故曰：教學相長也。〈兌命〉曰：「學學半。」其此之謂乎。〔註164〕

三、教育制度

　　〈學記〉第三、四、五、六段連續四段都在談古今大學之道，回顧溫習周代的大學之教，有些復古的傾向，內容都是教育制度化的相關問題，這點與孔荀的時代背景相當不同。

> 古之教者，家有塾，黨有庠，術有序，國有學。比年入學，中年考校。一年視離經辨志。三年視敬業樂群，五年視博習親師，七年視論學取友，謂之小成；九年知類通達，強立而不反，謂之大成。夫然後足以化民易俗，近者說服，而遠者懷之，此大學之道也。《記》曰：「蛾子時術之。」其此之謂乎。〔註165〕

孔子首倡私人講學，荀子處於亂世所以無法侈談大學之道，〈學記〉若是作於漢初海內承平之時，教育有機會開始走向制度化，並思考如何才是可長可久的制度，如何才是治亂興廢關鍵，亦其宜也。

四、為人師者

　　討論教育制度之後，〈學記〉原文第四大部分重點在談為人師者。

> 君子既知教之所由興，又知教之所由廢，然後可以為人師也。故君子之教喻也，道而弗牽，強而弗抑，開而弗達。道而弗牽則和，強而弗抑則易，開而弗達則思。和易以思，可謂善喻矣。〔註166〕

孔子本身雖被後世奉為至聖先師，但在《論語》中談教與學並未直接討論人

〔註163〕李師毓善：〈孔子自述生平──以《論語》為例〉，《輔仁國文學報》〔增刊〕（2006年1月），頁90～93，好學與樂教二節，值得參考。

〔註164〕〈學記〉，《禮記》（臺北市：藝文印書館，1985年），頁648。

〔註165〕〈學記〉，《禮記》（臺北市：藝文印書館，1985年），頁649。

〔註166〕〈學記〉，《禮記》（臺北市：藝文印書館，1985年），頁653。

師角色，他只是以身作則洋溢學習的愉悅。荀子在〈勸學〉論及「學莫便乎近其人」，並沒有單篇成文討論為人師者，〈致士〉記錄為師之道有四：

> 師術有四——而博習不與焉：尊嚴而憚，可以為師；耆艾而信，可以為師；誦說而不陵不犯，可以為師；知微而論，可以為師：故師術有四——而博習不與焉。水深而回，樹落則糞本，弟子通利則思師。詩曰：「無言不讎，無德不報。」此之謂也。〔註167〕

「尊嚴而憚、耆艾而信、誦說而不陵不犯、知微而論」前兩者是就德行而言，後兩者是就知識而言，應該都是荀子的經驗談，《禮記》〈學記〉繼承了荀子〈致士〉篇所談的「尊嚴而憚」，循孟子「為王者師」的理想將人師提升至「三王四代唯其師」的崇高地位：

> 君子知至學之難易，而知其美惡，然後能博喻，能博喻然後能為師；能為師然後能為長，能為長然後能為君。故師也者，所以學為君也。是故擇師不可不慎也。《記》曰：「三王四代唯其師。」此之謂乎？
>
> 凡學之道，嚴師為難。師嚴然後道尊，道尊然後民知敬學。是故君之所不臣於其臣者二，當其為尸則弗臣也，當其為師則弗臣也。大學之禮，雖詔於天子，無北面，所以尊師也。〔註168〕

〈學記〉繼《論語》《孟子》論學、《荀子》〈勸學〉往前明確提出「尊師重道」的思想，將人師地位提昇至「大學之禮，雖詔於天子，無北面，所以尊師也。」是為〈學記〉論學另一特色所在。

參、賈誼與董仲舒論教育

除了〈學記〉之外，我們尚可加入賈誼、董仲舒對於教育的看法，以為荀子〈勸學篇〉在後代的補充說明。賈誼對於教育的理念上溯夏商周三代歷史經驗，他在〈治安策〉中檢討：

> 夏為天子，十有餘世，而殷受之。殷為天子，二十餘世，而周受之。周為天子，三十餘世，而秦受之。秦為天子，二世而亡。人性不甚相遠也，何三代之君有道之長，而秦無道之暴也？其故可知也。古之王者，太子乃生，固舉以禮，使士負之，有司齊肅端冕，見之南郊，見于天也。……

〔註167〕〈致士篇〉，《荀子集解·考證》（臺北市：世界書局，2000年），頁242～243。
〔註168〕〈學記〉，《禮記》（臺北市：藝文印書館，1985年），頁654。

賈誼對於秦朝覆亡多所反省，若要談教育方面，他思及必須從太子教育開始
從根著手。

> 故太子乃生而見正事，聞正言，行正道，左右前后皆正人也。夫習
> 与正人居之，不能毋正，猶生長于齊不能不齊言也；習与不正人居
> 之，不能毋不正，猶生長于楚之地不能不楚言也。故擇其所耆，必
> 先受業，乃得嘗之；擇其所樂，必先有習，乃得爲之。孔子曰：「少
> 成若天性，習慣如自然。」……夫教得而左右正，則太子正矣，太
> 子正而天下定矣。〔註169〕

荀子的〈勸學篇〉加上賈誼所提倡的太子教育，便形成上述〈治安策〉的文
本。

徐復觀指出賈誼於此受荀子啓發，而且有進一步的開拓，徐氏分析〈治
安策〉：

> 他對太子的教育，可分爲四個階段。因受荀子教育思想的深刻影響，
> 特注重環境與生活習慣在教育上的重大意義。〔註170〕

徐氏以爲在賈誼所言四個教育階段之中，第三個階段頗有意義，值得提出介
紹：

> 「及太子少長知妃色，則入於學」；此處賈誼之所謂學，乃指東學、
> 西學、南學、北學、太學等五學而言，這是綜合性的，又帶有理想
> 性的學制；其中以太學的地位爲最高。〔註171〕

也就是對於太子教育，賈誼規劃了一套相當完整的學制，理想的太子教育與
禮治之間的關係爲何？理想的太子教育有助於賈誼禮治的完成。

> 賈誼的政治理想，表現於在他所創意的政治結構之中。爲實現此種
> 政治結構，並作合理的運行，更須要建立上下共同遵循的軌範，以
> 形成共同的精神紐帶。這即是他所突出的儒家所說的禮。而居於決
> 定地位的還是人君，賈生便首先要求人君以禮範圍自己，更根據禮
> 來推動整個政治機構。但賈誼想到，已經做了皇帝的人君，很難達
> 到他所要求的理想狀態，他便把希望寄託在太子的教養上；並且從
> 懷胎的時候便教養起。而教養的內容當然是禮。〔註172〕

〔註169〕 班固：《漢書》（臺北市：明倫出版社，1972年），頁2248～2252。
〔註170〕 徐復觀：《兩漢思想史》（臺北市：臺灣學生書局，1979年），頁145。
〔註171〕 徐復觀：《兩漢思想史》（臺北市：臺灣學生書局，1979年），頁145～146。
〔註172〕 徐復觀：《兩漢思想史》（臺北市：臺灣學生書局，1979年），頁139。

賈誼為完成禮治教化，體會到居於教化決定地位的是人君，為了未雨綢繆，是以寄望於太子教育，不只完整設計太子教育，甚至回溯懷胎時期，至此我們不得不佩服賈誼，他將荀子所注重的教育理念經深思熟慮之後，做了充分的闡釋，全面的規劃。

　　董仲舒之〈天人三策〉將大學庠序走向制度化，讓化民成俗得以落實，比賈誼當年所規劃尚且更進一步，戰國荀子所馨香祝禱的願景在西漢逐步實現。

> 古之王者明於此，是故南面而治天下，莫不申教化為大務。立大學以教於國，設庠序以化於邑，漸民以仁，摩民以義，節民以禮；故刑罰甚輕而禁不犯者，教化行而習俗美也。〔註173〕

> 故養士之大者，莫大太學；太學者，賢士之所關也，教化之本原也。今以一郡一國之眾，對亡應書者，是王道往往而絕也。臣願陛下興太學，置明師，以養天下之士，數考問以盡其材，則英俊宜可得矣。〔註174〕

> 及仲舒對策，推明孔氏，抑黜百家，立學校之官，州郡舉茂材孝廉，皆自仲舒發之。〔註175〕

董仲舒把賈誼之時，尚是理想狀態的教育制度付諸實現，此一〈勸學篇〉的制度化對於後代文明秩序的建立影響深遠。

　　自此，後世論學遂不絕如縷，然值得一提的是宋明儒論學。牟宗三於《才性與玄理》宋明論聖人之學〔註176〕可以整理簡單的論證如下：一、若聖人需要學，那麼誰是第一位聖人？若聖人不需要學是為天縱，那麼如《論語》〈學而〉諸篇何？荀子選擇聖人需要學，第一位聖人可由歷史上見踵事增華之實跡。二、學的內容為何？可以學超越的根據，可以學文明傳承，學為聖人。荀子選擇學文明傳承，學為聖人。荀學的重點是性惡？論天？論禮？筆者以為談荀子核心思想不能忽略〈勸學篇〉，由後世談論不絕可見其重要性於一斑。

〔註173〕　《漢書》（臺北市：明倫出版社，1972年），頁2503～2504。
〔註174〕　《漢書》（臺北市：明倫出版社，1972年），頁2512。
〔註175〕　《漢書》（臺北市：明倫出版社，1972年），頁2525。
〔註176〕　牟宗三：《才性與玄理》（臺北市：學生書局，1985年），頁13～15、57～59、61、323。

肆、小結

　　學界研究荀子會論及〈勸學篇〉，但多爲附屬地位。陳景齡以〈勸學篇〉爲主，旁徵博引暢談荀子的學習理論，彰顯〈勸學篇〉的重要性。〔註177〕王博認爲「學可以看作是荀學的中心觀念，並和其他一系列的觀念有這內在的聯繫。」指出〈勸學篇〉在荀學或說儒學中的地位。〔註178〕本文耗費篇幅論述荀子的內聖架構，則是從結構的角度，更精確點出〈勸學篇〉的關鍵位置。本能性情是荀子內聖結構橫向系列的起點，人爲之僞是橫向系列的終點。起點與終點不是一路順暢，中間有一轉折，即由耳目感官而心知意識的淨化，此即荀子解蔽虛靜以返清明的工夫之所在，在虛壹而靜的大清明之外，荀子的另一道工夫，由概念而言是化性起僞，由教育而言是勸勉爲學，全面看來〈勸學〉正居於此一內聖結構之關鍵樞軸。內聖結構是靜態，但加上「學不可以已」的學習歷程，爲整個結構指出前進的方向。

　　扣住荀子的名學傾向爲線索往上溯，吾人可見他將《論》、《孟》論學消化過後以概念化的形式敘述，並進一步形成自己的論學系統：先勸勉後進爲學，再示範種種爲學方法，明言爲學內容並指出爲學最高境界，然荀子之學如果沒爬昇到本能性情與人爲文明的高度宏觀則無法探究文本底蘊。至《禮記》論學已漸漸朝制度化方向邁進，此間轉折可見《荀子》〈勸學〉承先啓後之地位。如果無視原典以〈勸學〉爲篇首的顯著位置，從歷來論學不絕，亦可看出此篇之地位。故筆者以爲在荀子思想中，〈勸學〉一篇不爲附屬，應納入重要篇章之列。荀子的〈勸學〉下開《禮記》〈學記〉，由《論語》論學、《荀子》〈勸學〉至《禮記》〈學記〉，賈誼、董仲舒，其間理路一脈相承〔註179〕。

〔註177〕陳景齡：《從假物到自得：荀子由禮見理的學習向度》，清華大學中文研究所博士論文，2014 年。

〔註178〕王博：〈論《勸學篇》在《荀子》及儒家中的意義〉，《中國哲學》第五期（2008 年），頁 60。
　　　　另言：「古代文獻中，大凡居首者，多被賦予特殊之意義。如《詩》之〈關雎〉，《易》之乾坤，老子之首章，莊子之〈逍遙遊〉，在後世的解釋者看來都有標明宗旨或突出主題的作用。」頁 58。

〔註179〕漢・王符著，清・汪繼培箋，彭鐸校正：《潛夫論箋》第一卷〈讚學〉第一（臺北市：大立出版社，1984 年），頁 1。文中有彭鐸曰：「諸子多勉人爲學。尸子、荀子、大戴禮記、賈子皆有〈勸學篇〉，《抱朴子》有〈勖學〉，《顏氏家訓》有〈勉學〉。」感謝金師周生提供此項資料。
　　　　余英時引〔提要〕「子部・儒家類一」的「荀子條」：「然（荀）卿恐人恃性之說，任自然而廢學，因言性不可恃，當勉力於先王之教。」余氏以爲乾隆

荀子思想抽掉性惡，其實無甚大影響，但如果抽掉勸學，內聖思想便失依歸，荀子的內聖思想至〈勸學篇〉而大功告成，第四章將開展荀子的外王思想。

　　時代的考證學不但重新發現了荀子，而且還自覺地發揚荀子重「學」的傳統。見氏著《中國近代思想史上的胡適》（臺北市：聯經出版事業公司，1984 年），頁 81。